◎京师国际刑事法文库（51）
◎外国刑事法翻译系列之三十一

斯洛伐克刑法典

Slovak Penal Code

陈志军　译

中国人民公安大学出版社
·北　京·

图书在版编目（CIP）数据

斯洛伐克刑法典/陈志军译．—北京：中国人民公安大学出版社，2011.6

（京师国际刑事法文库．外国刑事法翻译系列）

ISBN 978－7－5653－0439－2

Ⅰ．①斯… Ⅱ．①陈… Ⅲ．①刑法－法典－斯洛伐克 Ⅳ．①D951．44

中国版本图书馆 CIP 数据核字（2011）第 092670 号

斯洛伐克刑法典

陈志军 译

出版发行：中国人民公安大学出版社
地　　址：北京市西城区木樨地南里
邮政编码：100038
经　　销：新华书店
印　　刷：北京泰锐印刷有限责任公司

版　　次：2011 年 6 月第 1 版
印　　次：2011 年 6 月第 1 次
印　　张：8.5
开　　本：880 毫米×1230 毫米　1/32
字　　数：198 千字

书　　号：ISBN 978－7－5653－0439－2
定　　价：28.00 元

网　　址：www.cppsup.com.cn　www.porclub.com.cn
电子邮箱：zbs@cppsup.com　zbs@cppsu.edu.cn

营销中心电话：010－83903254
读者服务部电话（门市）：010－83903257
警官读者俱乐部电话（网购、邮购）：010－83903253
法律图书分社电话：010－83905745

北京师范大学刑事法律科学研究院
京师国际刑事法文库

总　序

20世纪70年代末80年代初以来，为顺应现代社会发展进步的历史潮流，在坚定不移地推行改革开放的基本国策之同时，中国政府尤为注重社会主义法治的建设与发展。随着立法日益健全，司法不断完善，法学欣欣向荣，国家和社会已经步入现代法治的轨道，从而有力地维护和推动了经济、政治、文化乃至整个社会全方位的发展与进步。在中国社会发展进步的历程中，社会主义法治系统必将发挥日益重要的作用。这一系统的发展完善离不开现代法学理论的引导和推动。因此，进一步重视法学研究，尤其是外向型、国际型法学研究，无疑具有长远的战略意义，刑法学领域亦然。

北京师范大学刑事法律科学研究院（以下简称刑科院）是北京师范大学重点建设的专门从事刑事法学研究的中国刑事法学领域首家且目前系唯一的具有独立性、实体性、综合性的新型学术研究机构和研究生培养单位。刑科院立足本国国情，在大力发展中国刑事法学研究的同时，专设国际刑法研究所暨外国刑法与比较刑法研究所，关注国际刑法、外国刑事法、比较刑事法的基础理论研究，并注重对当前国际刑事法理论与实务中热点、难点问题的研究。刑科院国际刑法学、外国刑事法、比较刑事法等外向型研究方面的研究力量，以本单位的教师和博士生为基本队伍，同时聘任、定向联系国内外一些著名大学和研究机构的知名刑事法及国际法专家学者、国际刑事审判机构的法官、联合国暨国际学术研究机构的知名学者。刑科院注重开拓的国际刑法学领域的学术研究范围主要包括：国际刑法的基础理论、国际犯罪、国际刑事审判、国际刑事司法协助与合作等。刑科院力图通过课题研究、学术研讨活动以及同国内外专家、学者和学术机构的学术交流与合作研究等多种渠道、多种形式，努力促进与繁荣我国外向型和国际型刑事法学研究，以适应国家在改革开放中加强刑事法制建设的需要。

"京师国际刑事法文库"，是以开拓和繁荣外向型、国际型刑事法学研究为主旨的一种学术载体形式，与北京师范大学刑事法律科学研究院的"京师刑事法文库"分工不同、相辅相成。本"文库"在广义上理解和包容国际刑事法，拟出版国内外专家学者在国际刑法、比较刑法、外国刑法、比较刑事诉讼法、外国刑事诉讼法等方面的科研成果，可以是专题研究、综合研究，可以是国外、境外法典、著作的译作或介述研究之作，还可以是国内外专家学者的合作研究项目。其中，研究性著作应具有较高的学术水平，译著、介述书籍和工具书、资料书等应具有重要的参考价值。

古人云："合抱之木，生于毫末；九层之台，起于垒土；千里之行，始于足下。"聚沙成塔，集腋成裘。我们希望能通过以文库形式的逐步积累，为我国国际刑法学和其他外向型刑事法学的发展，为法治之昌盛和社会之进步，作出应有的贡献。

是为序。

北京师范大学刑事法律科学研究院
院长　赵秉志教授　谨识
2008年12月修订

College for Criminal Law Science of Beijing Normal University

International Criminal Law Library of BNU

Preface

Since the late 1970s and early 1980s, Chinese government, to be in conformance with the trend of progressive development of modern society, has put a special emphasis on the construction and development of socialist legal system, besides firmly adhering to the principal national policy of reform and opening-up to the foreign countries. Along with the gradual perfection of legislation and judicial practice, legal science thrives and our country and society is stepping to the track of modern rule of law, which further forcefully safeguards and facilitates the development and progress of all fields such as economy, politics, culture and even the whole society. In the course of social development and progress in China, our socialist legal system will certainly play a more and more important role, which, however, is impossible without the legal theory to pilot and drive. In other words, it is of significance of long-term strategy to further reinforce legal science studies (including criminal jurisprudence studies), especially extrovert and international legal studies.

The College for Criminal LawScience of Beijing Normal University (hereinafter The College), founded in August of 2005, is the first and, at present, the only academic research organ in China specializing in criminal jurisprudence that is independent and comprehensive entity and undertakes the mission of educating postgraduates. Basing itself upon the situation of China, The College, in addition to fully developing the studies on Chinese criminal law, specially establishes the Institute for International Criminal Jurisprudence Studies, the Institute for Foreign Criminal Law and the Institute for Comparative Criminal Law, which focuses on constructing the basic theory of international criminal jurisprudence and researching the theoretic and practical hot-topics and difficulties in current international criminal law. The main force of international criminal jurisprudence staffed the College is the professors and doctorate candidates thereof, besides those who are invited as fellow researchers or fellow professors such as famous scholars and specialists engaging in criminal and international law, foreign criminal law and comparative criminal law from the prestigious universities and academic organizations home and abroad, judges from the international criminal judicial agencies and famous scholars from UN and international academic research organizations. With respect to the international criminal jurisprudence, the College opens the main academic fields for research including the basic theory of international criminal jurisprudence, international crimes, international criminal trial, and international judicial assistance in criminal matters ,and so on. The College seeks to facilitate and thrive studies on the extrovert and international criminal law through various channels and programs such as project researches, academic workshops, academic exchange and cooperation with domestic and foreign specialists, scholars and academic organs, so as to meet the requirements of strengthening criminal legal construction in the course of reform and opening up to the foreign countries. International Criminal Law Library of BNU, undertaking different missions from Criminal Jurisprudence Library of BNU but supplementing each other, seeks to exploit and deepen and thrive the academic researches on extrovert and international criminal jurisprudence. With a broad understanding and including of international criminal law, the library consists of the academic achievements by domestic and foreign specialists and scholars on international criminal law, comparative criminal law, foreign criminal law, comparative criminal procedure law and foreign criminal procedure law, which may be of either special topics or general topics in a rather profound academic level, or introduction or translations of foreign literatures and codifications with much value of references, or research projects co-operated by domestic and foreign specialists. As an ancient master said, "A huge tree grows from a tiny seedling; A nine-storey tower begins with a pile of earth; A thousand-li journey begins with the first step." "Grains of sand piled up make a pagoda; The finest fragments of fox fur, sewn together, will make a robe." Through the program of library, we seek to accumulate academic fruits and develop the international criminal jurisprudence and other extrovert criminal jurisprudence, so as to make our contributions to the prosperity of rule of law and progress of the society.

Prof. Zhao Bingzhi
Dean of College for Criminal Law Science
Beijing Normal University
December 2008

译者序

斯洛伐克共和国位于欧洲中部内陆、原捷克斯洛伐克联邦共和国的东部。北临波兰，东接乌克兰，南界匈牙利，西南与奥地利接壤，西连捷克。公元 5 至 6 世纪，斯拉夫人西迁到今天的斯洛伐克和捷克地区，公元 623 年建立萨摩公国。公元 830 年成立了大摩拉维亚帝国，成为第一个包括斯洛伐克族、捷克族和其他斯拉夫族在政治上联合聚居在一起的国家。公元 9 世纪，斯洛伐克和捷克两个民族同是大摩拉维亚帝国的组成部分。公元 906 年大摩拉维亚帝国灭亡后，沦于匈牙利人统治之下，后为奥匈帝国的一部分。第一次世界大战后，奥匈帝国瓦解，于 1918 年 10 月 28 日建立了捷克斯洛伐克共和国。第二次世界大战开始后，德国法西斯头目希特勒利用两个民族之间的矛盾采取“分而治之”的策略，1938 年 9 月，英法两国在慕尼黑会议上出卖了捷克斯洛伐克，1939 年 3 月纳粹德国占领了捷克斯洛伐克，后又宣布斯洛伐克为“独立国家”。1945 年 5 月 9 日，捷克斯洛伐克在苏联红军的帮助下获得解放，恢复了共同国家。1946 年成立以哥特瓦尔德为首的联合政府。1948 年 2 月，捷克斯洛伐克共产党开始执政。1960 年 7 月，国民议会通过新宪法，改国名为捷克斯洛伐克社会主义共和国。1969 年实行联邦制，由享有平等地位的捷克和斯洛伐克两个民族共和国组成联邦共和国。1989 年 11 月，捷克斯洛伐克政局发生剧变，实行多党议会民主制。1990 年 3 月初，两个民族共和国将原名中的“社会主义”取消，分别改称捷克共和国和斯洛伐克共和国。同年4月20日，捷联邦议会又通过一项宪法修正案，将国名更改为捷克和斯洛伐克联邦共和国。1992年11月25日，捷联邦议会以2/3多数通过了《捷克和斯洛伐克联邦共和国解体法》，决定捷联邦共和国于1992年12月31日自动解体，从1993年1月1日起，捷克和斯洛伐克成为两个独立的主权国家。1993年1月19日，联合国大会接纳斯洛伐克共和国为其成员国。2004年3月29日，斯洛伐克共和国加入北约。2004年5月1日，斯洛伐克共和国加入欧盟。

1918年奥匈帝国解体，斯洛伐克独立之后至今共制定了三部刑法典：第一部刑法典是第86/1950号法律，从1950年8月1日起施行；第二部刑法典是第140/1961号法律，从1962年1月1日起施行；第三部刑法典是第300/2005号法律，是斯洛伐克共和国的现行刑法典，于2005年5月20日通过，2006年1月1日起施行。2005年刑法典颁布之后迄今为止进行了13次修正，最新一次是2011年2月1日第33/2011号法律所作的修正。斯洛伐克共和国现行刑法典的主要内容有：

1. 刑法的渊源

斯洛伐克的刑法立法包括刑法典和特别刑法。刑法典是刑法的主体，但也存在特别刑法以及不少存在于民事、经济、行政法律中的刑事责任条款。本书只对刑法典及其被修正部分进行翻译。

2. 刑法典的体系

斯洛伐克刑法典分为总则，分则，共同条款、过渡条款和最后条款三卷。总则部分包括五编：第一编（刑法典的适用范围和刑事责任的根据）、第二编（制裁）、第三编（犯罪和刑罚的消灭）、第四编（关于追诉未成年犯罪人的特别规定）、第五编（术语解释）。分则部分包括十二编：第一编（侵害生命和健康罪）、第二编（侵犯自由和人的尊严罪）、第三编（危害家庭和未成年人罪）、第四编（侵犯财产罪）、第五编（经济犯罪）、第六编（危害公共安全和环境罪）、第七编（危害共和国罪）、第八编（危害公共秩序罪）、第九编（侵害其他权利和自由罪）、第十编（危害兵役、文职服役、在军队中服役和国防罪）、第十一编（军职犯罪）、第十二编（危害和平和反人类罪、恐怖主义罪、极端主义罪与战争罪）。

3．刑法的地域效力

斯洛伐克刑法典采取以属地管辖和属人管辖为原则，有限的普遍管辖为补充的刑事管辖权体制。斯洛伐克刑法典第 3 条第 1 款规定："在斯洛伐克共和国领域内实施的行为，依据本刑法典追究刑事责任。"第 4 条规定："斯洛伐克共和国公民或者获得在斯洛伐克共和国领域内的永久居住资格的外国人在国外实施的行为，适用本法典追究刑事责任。"值得注意的是，斯洛伐克刑法典上的属人管辖包括积极的属人管辖和消极的属人管辖两个方面，分别和中国刑法上的属人管辖和保护管辖相对应。斯洛伐克刑法典第 5 条规定："在国外针对斯洛伐克共和国公民实施的特别严重的重罪，如果行为地国施行的法律也认为是犯罪或者行为地国不行使刑事管辖权的，适用本法典追究刑事责任。"此外，斯洛伐克刑法典还在第 7 条规定了有限制的普遍管辖。

4．外国刑事判决效力

斯洛伐克刑法典对外国刑事判决的效力采取积极承认主义。斯洛伐克刑法典第 45 条首先在第 1 款至第 3 款规定了同一犯罪行为所受审前羁押和其他刑罚应当折抵刑罚的原则，然后在第 4 款规定："如果行为人曾经因为同一犯罪在外国受审前羁押或者被外国机关执行刑罚的，法院应当遵循相同的规则处理。"

5. 刑法的溯及力

斯洛伐克刑法典在此问题上采取区别对待原则：(1) 以有利于被告人主义为原则。斯洛伐克刑法典第2条第1款规定："只能根据行为时施行的法律决定行为的刑事责任和适用刑罚。如果在犯罪实施之后判决作出之前有多个施行的法律的，应当根据对被告人最为有利的法律决定行为的刑事责任和适用刑罚。"第2款规定："如果对犯罪作出裁判时施行的法律对被告人更为有利的，可以对其适用裁判时法律所规定的刑罚类型。"(2) 保安处分采取从新原则。斯洛伐克刑法典第2条第3款规定："除非法律另有规定，应当依据作出保安处分决定时施行的法律适用保安处分。"

6. 犯罪分类

斯洛伐克刑法典把犯罪分为重罪和轻罪两大类，重罪又分为一般重罪和特别严重的犯罪。斯洛伐克刑法典第9条规定："犯罪分为重罪和轻罪。"第10条第1款规定："轻罪是指：a) 所有的过失犯罪；或者b) 刑法分则规定的最高刑不超过5年监禁的故意犯罪。"第11条第1款规定："重罪，是指刑法分则规定的最高刑超过5年监禁的故意犯罪。"第11条第3款规定："特别严重的重罪，是指刑法规定的最高刑超过8年监禁的故意犯罪。"

7. 犯罪地

斯洛伐克刑法典第12条规定："犯罪的实施地是指任何下列地点：a) 行为地；或者b) 犯罪结果的实际发生地或者行为人预期的犯罪结果发生地。"

8. 刑事责任能力

(1) 刑事责任年龄。斯洛伐克刑法典第22条第1款规定：

“在实施行为时不满 14 周岁的人，不承担刑事责任。”第 2 款规定：“在实施第 201 条的性侵害罪时不满 15 周岁的人，不承担刑事责任。”（2）精神病人的刑事责任能力。斯洛伐克刑法典把精神病人的刑事责任能力分为完全不负刑事责任的能力和减轻刑事责任的能力两种情形。该法第 23 条规定：“除非本法典另有规定，在实施行为时因为精神病不能认识其行为的违法性质或者不能控制其行为的，不对其行为承担刑事责任。”该法第 39 条第 2 款 c 项规定：“对在精神减弱状态下实施犯罪的犯罪人，如果法院考虑犯罪人的健康状况认为保护社会的目的也能够通过减轻的刑罚并处保安处分实现的，法院不受第 3 款规定的禁止的约束，而是应当适用减轻的刑罚并处保安处分。”

9. 正当行为

斯洛伐克刑法典规定了七类正当行为：（1）紧急避险。斯洛伐克刑法典第 24 条第 1 款规定：“避免对本法典所保护的利益构成直接威胁的危险的，不以犯罪论处，但构成其他犯罪的除外。”第 2 款规定：“如果根据当时的情况来看本法典所保护的利益的直接危险能够以其他方法进行避免，或者所导致的后果明显地重于受到威胁的利益的，不构成紧急避险。同样，如果正面临直接危险的人，依据普遍适用的法律规定有义务承受该危险的，也不能构成紧急避险。”（2）正当防卫。斯洛伐克刑法典第 25 条第 1 款规定：“为了避免针对本法典所保护的利益的迫近的或者现实的侵害所实施的行为，不以犯罪论处，但构成其他犯罪的除外。”第 2 款规定：“如果防卫的强度明显地超出侵害的强度（尤其需要考虑侵害的方法、地点、时间和侵害者、防卫者人身有关的情节）的，不成立正当防卫。”（3）依法使用武器。斯洛伐克刑法典第 26 条第 1 款规定：“依照法律的规定使用武器的，不以犯罪论处。”第 2 款规定：“在其住所内，为保护生命、健康或者财产，针对强行进入或者非法停留住所的他人使用武器的，即使不构成正当防卫，也可以构成依法使用武器。如果发生故意地导致他人死亡的后果的，不构成依法使用武器。”（4）被允许的危险。斯洛伐克刑法典第 27 条第 1 款规定：“行为人依据最新的知识和信息，在生产或者研究领域实施有益于社会但可能危及本法典所保护的利益的活动中的行为，如果认为不冒该危险实施该行为就不能够获得该社会利益的，不以犯罪论处，但以其他方式构成犯罪的除外。”第 2 款规定：“如果该行为的目标明显地与危险程度不相称，或者违背具有普适效力的法律规定、公共利益、人道原则的要求或者违背良好道德地实施该行为的，不属于被允许的危险。”（5）行使权利和履行义务。斯洛伐克刑法典第 28 条第 1 款规定：“对具有普适效力的法律规定所规定的、来源于法院或者其他公共权力机关在履行其工作任务或者其他职责过程中所作出的决定、或者来源于没有违反或者规避法律的契约的权利或者义务，如果以合法的方式行使这些权利或者履行这些义务的，构成行使权利和履行义务，不以犯罪论处，但以其他方式构成犯罪的除外。”（6）被害人同意。斯洛伐克刑法典第 29 条第 1 款规定：“基于被害人的同意所实施的行为，如果不危害被害人的生命或者健康的，不以犯罪论处，但以其他方式构成犯罪的除外。”（7）担任特工。斯洛伐克刑法典第 30 条第 1 款规定：“在调查犯罪或者查明犯罪人的过程中依据特别条例的规定所任命的特工，如果在其开展活动的犯罪集团或者恐怖主义集团的强迫下或者基于对其本人或者关系密切人的生命健康的合理关切，威胁或者侵害本法典所保护的利益的，不以犯罪论处，但以其他方式构成犯罪的除外。”

10. 犯罪未完成形态

斯洛伐克刑法典规定了犯罪预备和犯罪未遂两种未完成形态。(1)犯罪预备。斯洛伐克刑法典只处罚重罪的预备。斯洛伐克刑法典第13条第1款规定:“实施重罪的预备,是指故意地为实施重罪实施组织行为、获取或者调适用于实施犯罪的工具或者器械,或者为此种犯罪而共谋、集会、策划、教唆、提供帮助创造条件,或者其他意图为实行犯罪创造条件的故意行为,并且该重罪既未达到既遂也未达到未遂的。”(2)犯罪未遂。斯洛伐克刑法典第14条第1款规定:“未遂犯罪,是指行为人意图实施犯罪而实行直接完成犯罪的行为,但是该犯罪未完成的。”斯洛伐克刑法典规定原则上不处罚中止行为(包括预备中止和未遂中止),第13条第3款和第14条第3款对之作出了规定。

11. 共同犯罪

(1)正犯。斯洛伐克刑法典第19条第1款规定:“正犯,是指亲自实施犯罪行为的人。”第2款规定:“只有自然人才能成为犯罪的正犯。”(2)共同正犯。斯洛伐克刑法典第20条规定:“如果犯罪是由两个或者两个以上的人(共同正犯)共同实行的方式实施的,对其中的每一个人均视为亲自地实行了该犯罪。”(3)共犯。斯洛伐克刑法典第21条第1款规定:“既遂犯罪或者未遂犯罪的共犯,是指故意地:a)策划或者指挥犯罪的实施的人(组织者);b)唆使他人实施犯罪的人(教唆者);c)请求他人实施犯罪的人(雇用者);或者d)帮助他人实施犯罪(尤其是提供工具、清除障碍、提供建议、强化决意、许诺在犯罪实施之后提供帮助)的人(帮助犯)。”斯洛伐克刑法典对雇用犯这一共同犯罪人类型的规定具有明显的独特性。

12．刑罚的种类

根据斯洛伐克刑法典第32条的规定，其刑罚包括：a）监禁；b）家中监禁；c）社区服务；d）罚金；e）没收财产；f）没收物品；g）禁止从事特定活动；h）禁止居留；i）剥夺荣誉头衔或者奖励；j）剥夺军衔或者其他职衔；k）驱逐出境。此外，斯洛伐克刑法典还规定了例外刑，所谓例外刑，是指20年以上30年以下的监禁和终身监禁。例外刑只能适用于刑法允许适用的特别严重犯罪。值得注意的是，捷克斯洛伐克联邦共和国通过第175/1990号法律（从1990年7月1日起施行），对刑法典进行了修正，废止了所有犯罪的死刑。1992年《斯洛伐克共和国宪法》第15条第3款规定："死刑不允许存在。"

13．量刑情节

斯洛伐克刑法典在总则明确地列举规定了从轻处罚情节和从重处罚情节：（1）从轻情节。斯洛伐克刑法典第36条列举了下列15种减轻处罚情节：在合理的强烈激情状态下实施犯罪的；因为缺乏知识或者经验而实施犯罪的；因为疾病所产生的消极后果实施犯罪的；行为人在年龄接近未成年人或者作为老年人时实施犯罪，如果年龄对其智力或者意志能力有影响的；行为人在依赖性或者从属性的压力下实施犯罪的；在威胁或者强迫下实施犯罪的；行为人因为不是其本人引起的紧急情况实施犯罪的；行为人在不是其本人引起的个人或者家庭的紧张状态的影响下实施犯罪的；行为人为了避免侵害或者其他危险而实施犯罪行为或者在符合其他违法阻却事由的其他成立条件的情况实施犯罪行为，但是不完全符合正当防卫、紧急避险、行使权利和履行义务、被害人同意、依法使用武器、被允许的危险或者担任特工的成立条件的；行为人在实施犯罪之前以正常的方式生活的；行为人为消除犯罪的负面后果作出贡献或者自动地赔偿所造成的损失的；行为人承认其实施了犯罪并且真诚地悔罪的；行为人向主管机关报告其实施的犯罪的；行为人配合主管机关调查其犯罪活动的；或者行为人对有组织团伙、犯罪集团或者恐怖主义集团的侦查或者定罪作出了贡献的。（2）从重情节。斯洛伐克刑法典第 37 条列举了下列 13 种从重处罚情节：行为人基于特别卑鄙的动机实施犯罪的；针对根据法律或者其他具有普适效力的条例的规定的义务与其进行交往的他人（尤其是教育工作人员或者职业工作人员）进行报复而实施犯罪的；行为人实施犯罪意图阻止或者妨碍他人行使基本权利或者自由，或者意图为其他犯罪的实施提供便利或者掩饰其他犯罪的；在发生自然灾害或者其他严重危及人的生命、健康、其他基本权利和自由、宪政制度、财产、公共秩序、道德的事件时实施犯罪的；行为人利用其工作、职业、职权、职位获得非法或者不正当的利益的；行为人公开地实施犯罪的；行为人在依据具有普适效力的法律规定予以特别保护的场所（尤其是他人的房屋或者公寓）中实施犯罪的；行为人实施了不止一个的犯罪的；行为人利用不能承担刑事责任的人实施犯罪的；行为人唆使未成年人实施犯罪的；行为人作为组织者实施犯罪的；与外国势力或者外国代理人勾结实施犯罪的；或者曾经被判决有罪；但法院可以考虑前一有罪判决的性质而决定不将其视为从重处罚情节。

14．时效

斯洛伐克刑法典规定了追诉时效和行刑时效制度，并且还在第 88 条和第 91 条规定不受追诉时效和行刑时效限制的犯罪。

15．保安处分

斯洛伐克刑法典第 33 条规定：“保安处分包括：a）保安治

疗；b）保安教养；c）保安监督；d）保安收容；e）罚没物品；f）罚没一定金钱；g）罚没财产。”

由于水平所限，加之从英文版本转译而来，不当之处，敬请读者批评指正。

陈志军
2011 年 3 月

目　录

斯洛伐克刑法典[①]

第一卷 总 则

第1条 刑法典的宗旨

本法典的宗旨是规定刑事责任的根据、刑罚和保安处分的种类及适用和犯罪的主体。

第一编 刑法典的适用范围和刑事责任的根据

第一章 刑法典的适用范围

第2条 时间效力

1. 只能根据行为时施行的法律决定行为的刑事责任和适用

① 即第300/2005号法律，2005年5月20日斯洛伐克共和国国民议会通过，2006年1月1日起施行。

刑罚。如果在犯罪实施之后判决作出之前有多个施行的法律的，应当根据对被告人最为有利的法律决定行为的刑事责任和适用刑罚。

2. 如果对犯罪作出裁判时施行的法律对被告人更为有利的，可以对其适用裁判时法律所规定的刑罚类型。

3. 除非法律另有规定，应当依据作出保安处分决定时施行的法律适用保安处分。

第3条　属地管辖

1. 在斯洛伐克共和国领域内实施的行为，依据本刑法典追究刑事责任。

2. 在下列情况下，犯罪视为实施于斯洛伐克共和国领域内：

a）行为人的行为全部或者部分地实行于斯洛伐克共和国领域内，即使其对刑法所保护的法益实际或者可能的侵害或者危险全部或者部分地发生于或者预定发生于国外也不例外；或者

b）对刑法所保护的法益的侵害或者危险全部或者部分地发生于或者预定发生于斯洛伐克共和国领域内，即使其行为实行于国外也不例外。

3. 实施于航行于斯洛伐克共和国领域外的悬挂斯洛伐克共和国国旗的船舶或者在斯洛伐克共和国进行航空器注册登记的航空器上的行为，适用本法典追究刑事责任。

属人管辖

第4条

斯洛伐克共和国公民或者获得在斯洛伐克共和国领域内的永久居住资格的外国人在国外实施的行为，适用本法典追究刑事责任。

第5条

在国外针对斯洛伐克共和国公民实施的特别严重的重罪，如果行为地国施行的法律也认为是犯罪或者行为地国不行使刑事管辖权的，适用本法典追究刑事责任。

第5条A

对非法制造、持有、交易麻醉药品、精神药品、毒品或者前体物质罪（第171条和第172条），伪造、变造、非法制造货币或者证券罪（第270条），流通伪造、变造、非法制造的货币或者证券罪（第271条），制作或者持有用于伪造或者变造的设备罪（第272条），伪造、变造、非法制造印花税票、邮票、邮资贴纸或者邮戳罪（第274条），伪造或者变造用作商品标签的技术监督措施罪（第275条），建立、操纵、支持恐怖主义集团罪（第297条），非法制造或者持有核材料、放射物质、高危化学品、高危生物战剂或者毒素罪（第298条和第299条），阴谋危害斯洛伐克共和国罪（第312条），恐怖活动罪（第313条和第314条），实施破坏活动罪（第315条和第316条），阴谋破坏罪（第317条），间谍罪（第318条），针对公共权力机关的暴行罪（第321条），针对公务员的暴行罪（第323条），伪造或者变造公文、公章、官方封记、官方徽章或者官方标志罪（第352条），危害机密或者限制的情报安全罪（第353条），偷渡罪（第355条），危害和平罪（第417条），种族灭绝罪（第418条），恐怖主义或者以其他形式参与恐怖主义罪（第419条），反人类罪（第425条），使用禁用武器或者非法的作战方法罪（第426条），劫掠作战区域罪（第427条），滥用获得国际承认的标志或者国家标志罪（第428条），战争虐待罪（第431条），迫害平民罪（第432条），战时非法行为罪（第433条），应当适用本法典追究刑事责任，即使这些行为是由不具有在斯洛伐克共和国领域内的永久居住资格的外国人在斯洛伐克共和国领域外实施的也不例外。

第6条

1. 未获得在斯洛伐克共和国领域内的永久居住许可的外国人在国外实施犯罪行为的，符合下列条件的，适用本法典追究刑事责任：

a）根据行为地正在施行的法律该行为应当追究刑事责任；

b）行为人在斯洛伐克共和国领域内被拘留或者逮捕；或者

c）尚未引渡给外国接受刑事追诉的。

2. 但是对行为人所适用的刑罚，不能重于犯罪地国法律对其行为所规定的刑罚。

第7条　依据国际条约的管辖

1. 对以法定方式批准和公布的已经公布并且对斯洛伐克共和国有约束力的国际条约规定为犯罪的行为，也应依据本法典追究刑事责任。

2. 如果以法定方式批准和公布的已经公布并且对斯洛伐克共和国有约束力的国际条约禁止第3条至第6条的规定的适用的，不应当适用这些条款。

第7条A　保安处分的适用范围

1. 如果基于犯罪实施的相关情况认为必须适用保安处分的，可以依据本法典适用保安处分。

2. 即使实施可罚行为的行为人不应当承担刑事责任，或者不能被起诉或者不能被作出有罪判决，也应当适用第1款的规定。

第二章 刑事责任的根据

第一节 犯罪的概念和类型

第 8 条 犯罪

犯罪，是指符合本法典规定的构成要件的不法行为，但本法典另有不同规定的除外。

第 9 条 犯罪类型

犯罪分为重罪和轻罪。

第 10 条 轻罪

1. 轻罪是指：

a）所有的过失犯罪；或者

b）刑法分则规定的最高刑不超过 5 年监禁的故意犯罪。

2. 如果考虑行为的手段和后果、行为实施的情节、行为人的罪过程度和动机认为危害轻微的，应当认为不构成轻罪。

第 11 条 重罪

1. 重罪，是指刑法分则规定的最高刑超过 5 年监禁的故意犯罪。

2. 如果故意的轻罪因为具有加重情节导致法定最高刑超过 5 年监禁的，也应当视为重罪。

3. 特别严重的重罪，是指刑法规定的最高刑超过 8 年监禁的故意犯罪。

第12条　犯罪的实施地

犯罪的实施地是指任何下列地点：

a）行为地；或者

b）犯罪结果的实际发生地或者行为人预期的犯罪结果发生地。

第13条　实施重罪的预备

1. 实施重罪的预备，是指故意地为实施重罪实施组织行为、获取或者调适用于实施犯罪的工具或者器械，或者为此种犯罪而共谋、集会、策划、教唆、提供帮助创造条件，或者其他意图为实行犯罪创造条件的故意行为，并且该重罪既未达到既遂也未达到未遂的。

2. 对实施重罪的预备，按照对意图实施的重罪的刑罚追究刑事责任。

3. 如果行为人自动地实施下列行为的，对实施重罪的预备不追究刑事责任：

a）放弃实施以实行重罪为目的的行为并且消除预备行为对本法典所保护的利益所产生的威胁；或者

b）在其预备行为对刑法所保护的利益所产生的威胁尚且能够被消除之时报告其实施重罪的预备行为；报告应当向刑事诉讼主管机关或者警察机关作出；军人可以向其上级军官或者服役机关报告，正在服监禁刑或者被羁押的人可以向斯洛伐克共和国监狱和法庭警卫部队的官员报告。

4. 第3款的规定不影响对行为人已经实施的行为以其他犯罪追究刑事责任。

第14条 未遂犯罪

1．未遂犯罪，是指行为人意图实施犯罪而实行直接完成犯罪的行为，但该犯罪未完成的。

2．对未遂犯罪，按照既遂犯罪的刑罚追究刑事责任。

3．如果行为人自动地实施下列行为的，对未遂犯罪不追究刑事责任：

a）放弃实施以完成犯罪为目的的行为并且消除未遂行为对本法典所保护的利益所产生的威胁；或者

b）在其未遂行为对刑法所保护的利益所产生的威胁尚且能够被消除之时报告其实施犯罪的未遂犯罪；报告应当向刑事诉讼主管机关或者警察机关作出；军人可以向其上级军官或者服役机关报告，正在服监禁刑或者被羁押的人可以向斯洛伐克共和国监狱和法庭警卫部队的官员报告。

4．第3款的规定不影响对行为人已经实施的行为以其他犯罪追究刑事责任。

罪过

第15条

如果行为人具有下列情形之一的，视为故意犯罪：

a）希望以本法典所规定方式侵害或者危及刑法所保护的利益；或者

b）明知其行为可能导致该侵害或者危险但放任其发生并且实际发生的。

第16条

如果行为人具有下列情形之一的，视为过失犯罪：

a）明知可能以本法典所规定方式侵害或者危及刑法所保护的利益，但没有充足理由认为不会导致该侵害或者危险的；或者

b）没有认识到其行为可能导致该侵害或者危险，但根据客观环境和个人情况来看其应当并且能够认识的。

第17条

自然人实施的行为，除非本法典明确规定过失即充足罪过的，只有存在故意罪过的情况下才应当承担刑事责任。

第18条

从重情节或者加重情节应当考虑：

a）如果是较重的结果的，要求行为人出于过失导致该较重结果，但刑法对之要求具有故意罪过的除外；或者

b）如果是其他事实的，也要求行为人对之存在过失，即使对之无认识但根据客观环境和个人情况来看其应当并且能够认识的，但刑法明确地要求行为人对该事实有认识的除外。

第二节　正犯、共同正犯和共犯

第19条　正犯

1. 正犯，是指亲自实施犯罪行为的人。

2. 只有自然人才能成为犯罪的正犯。

第20条　共同正犯

如果犯罪是由两个或者两个以上的人（共同正犯）共同实行的方式实施的，对其中的每一个人均视为亲自地实行了该犯罪。

第21条　共犯

1. 既遂犯罪或者未遂犯罪的共犯，是指故意地：

a）策划或者指挥犯罪的实施的人（组织者）；

b）唆使他人实施犯罪的人（教唆者）；

c）请求他人实施犯罪的人（雇用者）；或者

d）帮助他人实施犯罪（尤其是提供工具、清除障碍、提供建议、强化决意、许诺在犯罪实施之后提供帮助）的人（帮助犯）。

2. 除非刑法另有规定，共犯的刑事责任，应当适用关于正犯刑事责任的规定。

第三节 刑事责任阻却事由

第22条 年龄

1. 在实施行为时不满14周岁的人，不承担刑事责任。

2. 在实施第201条的性侵害罪时不满15周岁的人，不承担刑事责任。

第23条 精神病

除非本法典另有规定，在实施行为时因为精神病不能认识其行为的违法性质或者不能控制其行为的，不对其行为承担刑事责任。

第四节 违法阻却事由

第24条 紧急避险

1. 避免对本法典所保护的利益构成直接威胁的危险的，不以犯罪论处，但构成其他犯罪的除外。

2. 如果根据当时的情况来看本法典所保护的利益的直接危险能够以其他方法进行避免，或者所导致的后果明显地重于受到威胁的利益的，不构成紧急避险。同样，如果正面临直接危险的人，依据普遍适用的法律规定有义务承受该危险的，也不能构成紧急避险。

第25条　正当防卫

1. 为了避免针对本法典所保护的利益的迫近的或者现实的侵害所实施的行为，不以犯罪论处，但构成其他犯罪的除外。

2. 如果防卫的强度明显地超出侵害的强度（尤其需要考虑侵害的方法、地点、时间和侵害者、防卫者人身有关的情节）的，不成立正当防卫。

3. 如果在侵害所导致的强烈的激情状态下（尤其是困惑、害怕、惊慌所导致的后果）以第2款所指的方式避免侵害的，不应当追究刑事责任。

4. 防卫人基于案件的情况错误地认为存在侵害的，如果对该认识错误存在过失的，不能免除过失犯罪的刑事责任。

第26条　依法使用武器

1. 依照法律的规定使用武器的，不以犯罪论处。

2. 在其住所内，为保护生命、健康或者财产，针对强行进入或者非法停留住所的他人使用武器的，即使不构成正当防卫，也可以构成依法使用武器。如果发生故意地导致他人死亡的后果的，不构成依法使用武器。

第27条　被允许的危险

1. 行为人依据最新的知识和信息，在生产或者研究领域实施有益于社会但可能危及本法典所保护的利益的活动中的行为，如果认为不冒该危险实施该行为就不能够获得该社会利益的，不以犯罪论处，但以其他方式构成犯罪的除外。

2. 如果该行为的目标明显地与危险程度不相称，或者违背具有普适效力的法律规定、公共利益、人道原则的要求或者违背良好道德地实施该行为的，不属于被允许的危险。

第28条 行使权利和履行义务

1. 对具有普适效力的法律规定所规定的、来源于法院或者其他公共权力机关在履行其工作任务或者其他职责过程中所作出的决定、或者来源于没有违反或者规避法律的契约的权利或者义务，如果以合法的方式行使这些权利或者履行这些义务的，构成行使权利和履行义务，不以犯罪论处，但以其他方式构成犯罪的除外。

2. 如果执行公共权力机关或者上级的规定、命令、指示、指导原则实施种族灭绝罪（第418条）或者反人类罪（第425条）的，不适用第1款的规定。

3. 如果执行公共权力机关或者上级的规定、命令、指示、指导原则实施战时非法行为罪（第433条）的，除非执行这些规定、命令、指示、指导原则的行为人同时符合下列条件的，否则不适用第1款的规定：

a）有执行这些规定、命令、指示、指导原则的法定义务；

b）不明知这些规定、命令、指示、指导原则是非法的；并且

c）这些规定、命令、指示、指导原则的内容没有间接地表明其非法性质的。

第29条 被害人同意

1. 基于被害人的同意所实施的行为，如果不危害被害人的生命或者健康的，不以犯罪论处，但以其他方式构成犯罪的除外。

2. 如果同意不是在行为之前作出，或者不是认真和自愿地作出，或者实施与该行为相关的其他犯罪的，不应当视为被害人同意。

3. 如果即使被害人按照第1款的规定给予同意仍然符合犯

罪成立要件的，不应当适用第 1 款的规定。

第 30 条　担任特工

1. 在调查犯罪或者查明犯罪人的过程中依据特别条例的规定所任命的特工，如果在其开展活动的犯罪集团或者恐怖主义集团的强迫下或者基于对其本人或者关系密切人的生命健康的合理关切，威胁或者侵害本法典所保护的利益的，不以犯罪论处，但以其他方式构成犯罪的除外。

2. 如果特工实施谋杀罪（第 144 条）、杀人罪（第 145 条）、强奸罪（第 199 条）、性暴行罪（第 200 条）、性侵害罪（第 201 条）、危害公共安全罪（第 284 条第 2 款至第 4 款）、危害航空器或者船舶安全罪（第 291 条）、使航空器非法出境罪（第 293 条）、叛国罪（第 311 条）、阴谋危害斯洛伐克共和国罪（第 312 条）、恐怖活动罪（第 313 条和第 314 条）、实施破坏活动罪（第 315 条和第 316 条）、阴谋破坏罪（第 317 条）、间谍罪（第 318 条）、种族灭绝罪（第 418 条）、恐怖主义或者以其他形式参与恐怖主义罪（第 419 条）、反人类罪（第 425 条）或者第 1 款所指的行为导致他人重伤或者死亡的，不应当适用第 1 款的规定。

3. 为了调查第 326 条、第 328 条至第 331 条或者第 336 条第 1 款规定的犯罪或者查明这些犯罪的犯罪人而遵照《斯洛伐克刑事诉讼法典》的规定的方式实施的行为，不以犯罪论处，但构成第 332 条至第 335 条和第 336 条第 2 款规定的犯罪的除外。

第二编 制 裁

第一章 制裁的类型

第 31 条 刑罚和保安处分

1. 本法典规定的制裁包括刑罚和保安处分，作为实施犯罪或者以其他方式产生刑事责任的行为的法律后果予以适用。

2. 刑罚包括剥夺被判刑人的人身自由、财产权利或者其他权利，只能由法院针对实施了本法典规定的犯罪的人适用。

3. 保安处分包括剥夺被判刑人或者其他人的人身自由或者财产权利，只能由法院根据本法典的规定基于保护社会免受的犯罪或者以其他方式产生刑事责任的行为危害的需要予以适用。

第 32 条 刑罚的类型

作为犯罪的后果，法院只能对自然人犯罪人适用下列刑罚：

a）监禁；

b）家中监禁；

c）社区服务；

d）罚金；

e）没收财产；

f）没收物品；

g）禁止从事特定活动；

h）禁止居留；

i）剥夺荣誉头衔或者奖励；

j）剥夺军衔或者其他职衔；

k）驱逐出境。

第33条　保安处分的类型

保安处分包括：

a）保安治疗；

b）保安教养；

c）保安监督；

d）保安收容；

e）罚没物品；

f）罚没一定金钱；

g）罚没财产。

第二章　制裁适用的一般规则

第34条　刑罚适用的一般规则

1. 刑罚的目的是以防止其再实施犯罪和为以使其以正常方式生活为目标的矫正创造条件的方式保护社会免受犯罪人的危害，同时劝阻其他人不要实施犯罪；此外，刑罚还表达社会对犯罪人的道德谴责。

2. 只能对犯罪人适用本法典规定的刑罚种类和刑罚幅度；本法典分则只规定监禁刑的适用幅度。

3. 刑罚只惩罚犯罪人，所以，应当将其对犯罪人的家庭及其关系密切人的影响降至最低。

4. 法院在量定刑罚的种类和数量时，尤其应当考虑实施犯罪的方法、后果、罪过、动机、加重处罚情节、减轻处罚情节、犯罪人的人身、个人情况和矫正可能性。

5. 在量定刑罚的种类和数量时，法院应当考虑：

a）在共同犯罪案件中，还应当考虑每一行为人所实施的行为对犯罪实施所起作用的程度；

b）对组织者、雇用者、教唆者或者帮助者，还应当考虑他们参与实施犯罪的重要性和性质；

c）对于实施重罪的预备和未遂犯罪，还应当考虑犯罪人所实施的行为离犯罪既遂的远近程度以及犯罪未完成的情节和原因。

6. 第32条所指的刑罚可以单独或者同时适用。对本法典分则规定的监禁刑上限不少于5年的犯罪，法院必须判处监禁。

7. 下列刑罚不能并科：

a）监禁和家中监禁；

b）监禁和社区服务；

c）罚金和没收财产；

d）没收物品和没收财产；

e）禁止居留和驱逐出境。

8. 如果法院对下列罪犯判处终身监禁的，还可以决定剥夺其假释资格：

a）实施了两个或者更多的特别严重的重罪的；

b）符合两项或者两项以上的加重处罚情节的；

c）作为犯罪集团或者恐怖主义集团的成员实施犯罪的；或者

d）曾经因为实施第 47 条第 2 款所指的犯罪被执行刑罚的。

第 35 条　保安处分适用的一般规则

1．如果保安处分既可以附属于刑罚适用，也可以在认为保安处分能够比刑罚更为有效地保护社会时予以单独适用（即使对行为人免除刑罚时也不例外）。

2．在适用保安处分时，应当将其对行为人的家庭及其关系密切人的影响降至最低。

3．如果为了保护社会免受行为人再实施犯罪而必要时，也可以对犯罪行为人或者其他人适用保安处分。

4．保安监督不能和保安教养一并适用。

5．法院在适用保安处分时，不遵循与已实施的犯罪行为相适应原则，而应当考虑与保护社会的需要，同时考虑对行为人或者其他人进行治疗、教育的需要或者完成矫正的需要。

6．在保安处分实现其目的、所适用的期间届满或者被判刑人或者其他人已达到法定年龄之时，应当予以撤销。

从轻情节和从重情节

第 36 条

从轻处罚情节包括：

a）在合理的强烈激情状态下实施犯罪的；

b）因为缺乏知识或者经验而实施犯罪的；

c）因为疾病所产生的消极后果实施犯罪的；

d）行为人在年龄接近未成年人或者作为老年人时实施犯罪，如果年龄对其智力或者意志能力有影响的；

e）行为人在依赖性或者从属性的压力下实施犯罪的；

f）在威胁或者强迫下实施犯罪的；

g）行为人因为不是其本人引起的紧急情况实施犯罪的；

h）行为人在不是其本人引起的个人或者家庭的紧张状态的影响下实施犯罪的；

i）行为人为了避免侵害或者其他危险而实施犯罪行为或者在符合其他违法阻却事由的其他成立条件的情况实施犯罪行为，但是不完全符合正当防卫、紧急避险、行使权利和履行义务、被害人同意、依法使用武器、被允许的危险或者担任特工的成立条件的；

j）行为人在实施犯罪之前以正常的方式生活的；

k）行为人为消除犯罪的负面后果作出贡献或者自动地赔偿所造成的损失的；

l）行为人承认其实施了犯罪并且真诚地悔罪的；

m）行为人向主管机关报告其实施的犯罪的；

n）行为人配合主管机关调查其犯罪活动的；或者

o）行为人对有组织团伙、犯罪集团或者恐怖主义集团的侦查或者定罪作出了贡献的。

第 37 条

从重处罚情节包括：

a）行为人基于特别卑鄙的动机实施犯罪的；

b）针对根据法律或者其他具有普适效力的条例的规定的义务与其进行交往的他人（尤其是教育工作人员或者职业工作人员）进行报复而实施犯罪的；

c）行为人实施犯罪意图阻止或者妨碍他人行使基本权利或者自由，或者意图为其他犯罪的实施提供便利或者掩饰其他犯罪的；

d）在发生自然灾害或者其他严重危及人的生命、健康、其他基本权利和自由、宪政制度、财产、公共秩序、道德的事件时实施犯罪的；

e）行为人利用其工作、职业、职权、职位获得非法或者不正当的利益的；

f）行为人公开地实施犯罪的；

g）行为人在依据具有普适效力的法律规定予以特别保护的场所（尤其是他人的房屋或者公寓）中实施犯罪的；

h）行为人实施了不止一个的犯罪的；

i）行为人利用不能承担刑事责任的人实施犯罪的；

j）行为人唆使未成年人实施犯罪的；

k）行为人作为组织者实施犯罪的；

l）与外国势力或者外国代理人勾结实施犯罪的；或者

m）曾经被判决有罪；但法院可以考虑前一有罪判决的性质而决定不将其视为从重处罚情节。

第38条

1. 作为犯罪法定构成要件的情节，不能视为从轻处罚情节、从重处罚情节、在法定最低刑以下减轻处罚的情节或者在法定最高刑以上加重处罚的情节。

2. 在确定刑罚的种类和数量时，法院应当考虑从轻处罚情节和从重处罚情节的权重和重要性程度。

3. 如果从轻处罚情节的权重占优势的，法定最高刑应当降低1/3。

4. 如果从重处罚情节的权重占优势的，法定最低刑应当提高1/3。

5. 对重罪的再犯，法定最低刑应当提高 1/2；并且不适用第 4 款的规定。

6. 对特别严重的重罪的再犯，法定最低刑应当提高 2/3；并且不适用第 4 款和第 5 款的规定。

7. 在依据第 41 条第 2 款或者第 42 条的规定的并罚的刑罚、共同的刑罚或者合并的刑罚时，如果同时适用第 4 款至第 6 款的规定对犯罪人过于严厉的，不应当适用第 4 款至第 6 款的规定。

8. 在第 3 款至第 6 款所指的情况下，最高刑的降低或者最低刑的提高只能在可以适用的法定刑幅度内进行；应当以法定最高刑和法定最低刑之间的某一数量作为从轻或者从重的基准。对本法典分则规定处以 25 年监禁或者终身监禁的犯罪，其法定最高刑不能降低，法定最低刑也不能提高。

第 39 条 监禁的特别减轻

1. 如果法院基于案件情节或者犯罪人的个人情况，认为适用本法典规定的监禁刑对罪犯畸重并且较短期间的刑罚足以保护社会的，可以将监禁刑期减轻到本法典法定最低刑以下。

2. 对下列情形的犯罪人，法院也可以将监禁刑期减轻到本法典法定最低刑以下：

a）对于实施重罪的预备和未遂犯罪，如果基于预备或者未遂的性质和严重程度认为适用本法典规定的监禁刑对罪犯畸重并且较短期间的刑罚足以保护社会的；

b）向刑事诉讼主管机关报告他人的犯罪行为或者向其提供不能以其他方式获得的情报，以此使主管机关能够避免或者减轻犯罪结果、查明犯罪人或者对之定罪、固定用于对犯罪集团或者恐怖主义集团定罪的证据，从而对查明为犯罪集团或者恐怖主义集团的利益实施的犯罪作出了重大贡献或者阻止了他人为了犯罪集团或者恐怖主义集团的利益实施犯罪的预备或者未遂行为的；

c）对在精神减弱状态下实施犯罪的犯罪人，如果法院考虑犯罪人的健康状况认为保护社会的目的也能够通过减轻的刑罚并处保安处分实现的，法院不受第 3 款规定的禁止的约束，而是应当适用减轻的刑罚并处保安处分；

d）在辩诉交易程序中；或者

e）以在刑事诉讼中提供证据的方式，对查明腐败犯罪（本法典分则第八编第三章），建立、操纵、支持犯罪集团罪（第 296 条），建立、操纵、支持恐怖主义集团罪（第 297 条）或者由有组织团伙、犯罪集团、恐怖主义集团实施的特别严重的重罪或者对上述犯罪的行为人的查明或者定罪作出重要贡献，如果法院基于其所实施犯罪的性质和严重程度认为减轻的刑罚也能够实现刑罚目的的；这些犯罪的组织者、教唆者、雇用者在刑事诉讼中提交证据的，不能将监禁刑期减轻到法定最低刑以下。

3. 但在低于法定最低刑适用刑罚时，不能低于下列标准：

a）构成第 144 条第 3 款规定的谋杀罪、第 418 条第 3 款规定的种族灭绝罪、第 419 条第 3 款规定和第 4 款规定的恐怖主义或者以其他形式参与恐怖主义罪、第 425 条第 2 款规定的反人类罪或者第 433 条第 2 款规定的战时非法行为罪的行为人，不能判处低于 20 年的监禁；

b）对本法典分则的法定最低刑不低于 15 年的犯罪，不能判处低于 8 年的监禁；

c）对本法典分则的法定最低刑不低于 10 年的犯罪，不能判处低于 5 年的监禁；

d）对本法典分则的法定最低刑不低于 5 年的犯罪，不能判处低于 2 年的监禁；

e）对本法典分则的法定最低刑低于5年的犯罪，不能判处低于6个月的监禁；

f）对禁止从事特定活动、禁止居留、驱逐出境，不能判处低于6个月的刑期。

4. 在辩诉交易程序中，法院可以低于法定最低刑1/3判处监禁，对第3款a项所指的犯罪，可以判处不少于20年的监禁。

第40条 免除刑罚

1. 实施未导致死亡或者重伤结果的轻罪的行为人，如果符合下列条件之一的，可以免除刑罚：

a）承认实施了轻罪的行为人表示出有效悔罪的迹象、意图矫正作出有效努力，并且基于该轻罪的性质和行为人以前的生活方式可以合理地期待法院对其案件的审理本身就足以实现其矫正的；

b）法院接受行为人的矫正保证并且基于对提供保证人的教育影响、所实施的轻罪的性质和行为人的人格认为不需要适用刑罚的；或者

c）行为人在精神减弱状态下实施轻罪，并且法院认为保安处分能比刑罚更能有效地实现保护社会和行为人的矫正的；该规定不应当适用于行为人自陷致瘾物质所致的精神减弱状态的案件。

2. 对依据第1款的规定被免除刑罚的行为人，应当被视为未受有罪判决。

第41条 并罚的刑罚和共同的刑罚

1. 行为人一个行为触犯两个或者两个以上罪名的，法院应当以处刑最重的犯罪的法定刑适用一个并罚的刑罚。在依据上述最重犯罪的法定刑判处的刑罚外，法院还可以对之适用刑法对处

刑较轻的其他犯罪所规定的其他种类的刑罚，作为并罚的刑罚的一部分。如果数罪的监禁刑期的下限不同的，以最重的一个下限作为确定并罚的刑罚幅度的下限。

2. 行为人以两个或者两个以上的行为构成两个或者两个以上的犯罪的，处刑最重的犯罪的法定刑的上限应当加重1/3；法院所判处的监禁刑期应当高于该处刑幅度的1/2。加重后的最高刑不能超过25年监禁，未成年罪犯不能超过第117条第1款或者第3款所指的监禁期间。在监禁刑之外，法院还可以对之适用刑法对处刑较轻的其他犯罪所规定的其他种类的刑罚，作为并罚的刑罚的一部分。

3. 在一审法院对连续犯的部分行为作出的有罪判决生效之后，又对其他部分行为作出有罪判决的，应当撤销针对该连续犯或者予以并罚的其他独立犯罪的前一有罪判决、关于确定刑罚的所有决定以及以前一有罪判决为基础的其他决定。法院应当基于判决已经被撤销的连续犯已经被实际查明的事实（包括新发现的部分行为以及其他独立犯罪行为）一并适用不能轻于先前判决的共同刑罚。在可能的情况下，法院也应当作出以该有罪判决为基础的其他有关决定。在针对数个犯罪适用刑罚的情况下，应当相应地适用第42条第1款、第2款和第43条第1款、第2款的规定。

第42条　合并的刑罚

1. 一审法院在对犯罪人所实施的某一犯罪作出有罪判决后，又因为该犯罪人在一审法院作出有罪判决之前所实施的其他犯罪而必须对其作出判决的，应当根据关于适用并罚的刑罚的规则，适用一个合并的刑罚。

2. 法院在适用合并的刑罚的同时，应当撤销对犯罪人适用刑罚的前一判决以及以该被撤销判决为基础的所有决定。合并的刑罚不能轻于前一判决所判处的刑罚。如果在前一判决中对犯罪人判处了剥夺荣誉头衔或者奖励、剥夺军衔或者其他职衔、没收财产、罚金、没收物品、禁止从事特定的活动之刑罚并且不违背第34条第7款的规定的，法院应当在合并的刑罚中判处这些刑罚。

3. 如果基于前一有罪判决的性质行为人被视为未受有罪判决的，不应当适用有关合并的刑罚的规定。

第43条 累加的刑罚

法院对犯罪人在前一有罪判决适用的刑罚执行完毕之前所实施的新的犯罪判处刑罚时，如果刑罚种类相同的，将新罪所判处的刑罚与前一判决所判处的刑罚尚未执行的部分累加执行，但二者的总和不能超过本法典规定的该刑种的最上限。如果其中一个刑罚是有期监禁的，意味着其刑罚的上限为25年监禁或者终身监禁。

第44条 合并刑罚和累加刑罚的免除

如果认为先前的判决所判处的刑罚已经足以保护社会和矫正行为人的，法院应当免予适用第42条规定的合并的刑罚或者第43条规定的累加的刑罚。

第45条 羁押和刑罚的折抵

1. 在针对被羁押的行为人进行的刑事诉讼最终对之作出有罪判决的案件中，如果所判处刑罚的种类可以折抵的，应当将羁押期间从所判处的刑罚（包括并罚的刑罚或者合并的刑罚）中予以折抵。该规定也适用于法院免除并罚刑罚或者合并刑罚的案件。

2. 在已经被法院或者其他机关处罚过的行为人又因同一行

为被判决有罪的案件中，如果所判处刑罚的种类可以折抵的，应当将先前所受的处罚从新判处的刑罚中予以折抵。该规定也适用于法院免除并罚刑罚或者合并刑罚的案件。

3. 如果审前羁押或者此前所判处的刑罚的期间不能依据第 1 款或者第 2 款的规定进行折抵的，法院应当在量定刑罚的种类或者幅度时考虑该事实。

4. 如果行为人曾经因为同一犯罪在外国受审前羁押或者被外国机关执行刑罚的，法院应当遵循相同的规则处理。

第三章　各类刑罚的适用和执行

第 46 条　监禁

监禁包括期间不超过 25 年的有期监禁或者终身监禁。

第 47 条　终身监禁

1. 法院只能对本法典分则规定的具体犯罪适用终身监禁。只有在为了确保有效保护社会有必要适用并且不能期待通过少于 25 年的监禁使犯罪人被矫正的情况下，法院才能适用终身监禁。

2. 行为人实施谋杀罪（第 144 条），杀人罪（第 145 条），伤害罪（第 155 条），非法制造、持有、交易麻醉药品、精神药品、毒品或者前体物质罪（第 172 条第 2 款、第 3 款、第 4 款），贩卖人口罪（第 179 条），贩卖儿童罪（第 180 条第 2 款、第 3 款或者第 181 条），劫持人质罪（第 185 条），拐取他人到国外罪（第 187 条），抢劫罪（第 188 条），胁迫罪（第 189 条第 2 款、第3款、第4款)，严重强迫罪（第190条或者第191条第2款、第3款、第4款)，强奸罪（第199条)，性暴行罪（第200条)，性侵害罪（第201条第2款、第3款)，虐待关系密切人或者被托付人罪（第208条)，危害公共安全罪（第284条)，危害航空器或者船舶安全罪（第291条)，使航空器非法出境罪（第293条)，建立、操纵、支持犯罪集团罪（第296条)，建立、操纵、支持恐怖主义集团罪（第297条)，恐怖活动罪（第313条或者第314条)，暴力越境罪（第354条第2款、第3款、第4款)，偷渡罪（第355条第3款、第4款、第5款)，制作儿童淫秽物品罪（第368条)，种族灭绝罪（第418条)，恐怖主义或者以其他形式参与恐怖主义罪（第419条）或者反人类罪（第425条）达到既遂，并且此前曾经因为这些犯罪被两次判处实际执行的监禁，如果符合第1款所指的条件的，法院应当对之判处终身监禁；在其他情况下，除非存在值得特别考虑的从轻情节，应当对之适用25年监禁。但是，不允许法院对这些犯罪人适用低于20年的监禁。

第48条　监禁执行的差别处遇

1. 监禁刑应当在监禁刑执行机构（下文称之为“行刑机构”）中执行，这些机构因其警戒级别的不同区分为低度戒备、中度戒备和高度戒备三等。

2. 通常法院应当按照下列规定确定犯罪人在行刑机构中执行监禁：

a）行为人在实施该犯罪之前10年内未曾因为故意实施的犯罪所被判处的实际执行的监禁而服刑，在低度戒备的行刑机构内执行；

b）行为人在实施该犯罪之前10年内曾经因为故意实施的犯

罪所被判处的实际执行的监禁而服刑，在中度戒备的行刑机构内执行；如果行为人被视为从未受过有罪判决的，此前的有罪判决不应当被考虑。

3. 对下列罪犯，法院应当确定其在高度戒备的行刑机构内执行监禁：

a）被判处终身监禁的罪犯；或者

b）实施了特别严重的重罪的罪犯。

4. 如果考虑犯罪的严重性和行为人危险性的程度认为更有利于保证罪犯的矫正的，法院可以确定将罪犯交付非第2款所指的行刑机构执行。即使该行为人在实施该罪之前10年内曾经因为故意实施的轻罪所被判处的实际执行的监禁而服刑的，也可以确定该行为人在低度戒备的行刑机构服刑。但是，对判处终身监禁的罪犯或者因为实施特别严重的重罪而被判处超过15年监禁的罪犯，不能被确定在低度戒备或者中度戒备的行刑机构执行。

5. 在辩诉交易程序或者依据第39条第2款b项的规定在法定最低刑以下减轻监禁刑期的案件中，法院在确定罪犯在低度戒备、中度戒备或者高度戒备的行刑机构内服刑时，不受第2款和第3款规定的约束。

监禁的缓刑

第49条

1. 对不超过2年的监禁，如果具备下列条件之一的，法院可以适用缓刑：

a）基于罪犯的个人情况（尤其是现有的生活环境和工作环境）和案件的情节，法院可以合理地认为，即使不执行刑罚也能保护社会和使罪犯实现矫正的；或者

b）法院接受行为人的矫正保证并且基于对提供保证人的教

育影响认为不需要执行监禁的。

2. 对在监禁缓刑考验期内或者监禁假释考验期内实施故意犯罪的罪犯，不能适用第1款的规定。

第50条

1. 监禁缓刑意味着罪犯的监禁刑期在1年以上5年以下的考验期内附条件地暂缓执行。考验期从判决最终生效之日起算。

2. 在可行的情况下，出于鼓励被缓刑人以正常的方式生活的目的，法院可以对之适用第51条第3款和第4款规定的禁令和义务；通常法院还应当适用命令其尽其所能地赔偿犯罪所造成的损失。

3. 被缓刑人以正常的方式生活的那部分考验期间，在对同一犯罪所判处的监禁确定新的缓刑考验期间或者对与该监禁相关的并罚的刑罚或者共同的刑罚确定缓刑考验期间时，应当计算在内。

4. 如果被缓刑人以正常的方式生活并且履行了所适用的禁令、义务的，法院应当裁定被缓刑人已经以其行为表现证明自己。在相反的情况下，法院可以在考验期内决定实际执行其刑罚。行为人在考验期内实施了可以导致法院对其作出实际执行刑罚的裁定的行为的情况下，作为例外，法院可以决定维持缓刑并且可以同时：

a）决定将罪犯交付保护观察；

b）在适当的情况下延长考验期，但不得超过2年，也不得超过第1款所规定的考验期间的上限；或者

c）适用（在尚未适用的情况下）第51条第3款和第4款规定的适当的禁令和合理的义务以使其以正常方式生活。

5. 如果法院没有在考验期届满之后1年内作出第4款所指的

决定，并且不是因为被缓刑人的阻碍所致的，视为法院已经对被缓刑人作出宣告被缓刑人已经以其行为表现证明自己的裁定。

6. 在针对行为人在考验期内实施的犯罪提起刑事追诉的案件中，如果法院没有在考验期届满之后 2 年内作出第 4 款所指的决定，并且不是因为被缓刑人的阻碍所致的，同样视为法院已经对被缓刑人作出宣告被缓刑人已经以其行为表现证明自己的裁定。

7. 如果法院宣告被缓刑人已经以其行为表现证明自己或者视为已经证明自己的，视为其未曾受到有罪判决。

8. 如果法院决定撤销监禁缓刑实际执行刑罚的，同时应当确定监禁的执行方式。

交付保护观察的监禁缓刑

第 51 条

1. 对不超过 3 年的监禁，可以依据第 49 条第 1 款规定的条件适用缓刑，同时裁定将在考验期内对行为人的行为进行保护观察。第 49 条第 2 款的规定，应当相应地适用。

2. 在适用交付保护观察的暂缓执行监禁时，法院应当在 1 年以上 5 年以下的幅度内确定考验期。考验期从判决最终确定之日起计算，同时法院应当决定适用附属于保护观察的禁令和义务。

3. 禁令主要包括禁止：

a）参加体育或者其他大规模群众活动；

b）使用酒精饮料或者其他致瘾物质；

c）会见对其有消极影响的人或者他所犯之罪的共同正犯或者共犯；

d）进入其实施犯罪的场所或者建筑物；

e）赌博、玩赌博机或者下赌注。

4. 义务主要包括命令：

a）不进入离被害人距离少于5米的范围并且不得在被害人住所附近逗留；

b）从其非法居住或者非法占据的公寓或者房屋搬离；

c）在考验期内赔偿所造成的损失；

d）在考验期内支付债务或者拖欠的扶养费；

e）私下或者公开地向被害人道歉；

f）在考验期内获取特定水平的职业资格或者参加重新取得资格的课程；

g）配合缓刑和调节官员或者其他专业人员接受社会技能培训计划或者其他教育计划；

h）接受致瘾物质治疗，但已经适用保安治疗的除外；

i）在考验期内接受心理治疗或者心理咨询服务；

j）在考验期内接受雇用工作或者以可以证实的方式主动寻找工作的。

5. 交付保护观察的被缓刑人应当服从缓刑和调节官员实施的监督。

6. 依据第2款的规定所确定的考验期间不应当适用于与交付保护观察的缓刑同时适用的其他刑罚的执行。

7. 交付保护观察的被缓刑人以正常的方式生活、服从规定的监督条件、尊重所适用的禁令并且履行所适用的义务的那部分考验期间，在对同一犯罪所判处的监禁确定新的交付保护观察的缓刑考验期间或者对与该监禁相关的并罚的刑罚或者共同的刑罚确定交付保护观察的缓刑考验期间时，应当计算在内。

第 52 条

1. 如果交付保护观察的被缓刑人在考验期内以正常的方式生活、遵守交付保护观察缓刑的规定条件、尊重所被适用的禁令并且履行所被适用的义务的，法院应当裁定被缓刑人已经以其行为表现证明自己。在相反的情况下，法院可以在考验期内决定实际执行其刑罚。行为人在考验期内实施了可以导致法院对其作出实际执行刑罚的裁定的行为的情况下，作为例外，法院可以决定维持交付保护观察的缓刑并且可以同时：

a）在适当的情况下延长考验期，但不得超过 2 年，也不得超过第 51 条第 2 款所规定的交付保护观察的考验期的上限；或者

b）适用（在尚未适用的情况下）适当的禁令和合理的义务。

2. 如果法院没有在交付保护观察的缓刑考验期届满之后 1 年内作出第 1 款所指的决定，并且不是因为被缓刑人的阻碍所致的，视为法院已经作出宣告被缓刑人已经以其行为表现证明自己的裁定。

3. 针对行为人在考验期实施的犯罪进行刑事追诉的案件中，如果法院没有在交付保护观察的缓刑考验期届满之后 2 年内作出第 1 款所指的决定，并且不是因为被缓刑人的阻碍所致的，同样视为法院已经作出宣告被缓刑人已经以其行为表现证明自己的裁定。

4. 如果法院宣告被缓刑人已经以其行为表现证明自己或者视为已经证明自己的，视为其未曾受到有罪判决。

5. 如果法院决定撤销交付保护观察的监禁缓刑实际执行刑罚的，同时应当确定监禁的执行方式。

第 53 条　家中监禁

1. 对轻罪的罪犯，法院可以判处 1 年以下的家中监禁。

2. 在家中监禁执行期间，罪犯有义务在法院确定的时间内停留于住所及其附属房屋内、以正常的方式生活；如果法院命令其接受电子监控设备监督的，还应当接受该监督。

3. 在家中监禁执行期间，罪犯只有在事先获得缓刑和调解官员或者负责通过电子设备对其进行监督的机关的同意时才能离开其住所，并且只能基于紧急事由和在不超过必需期间离开住所。该离开期间应当被计入刑期。

4. 如果罪犯不遵守第2款所指的条件的，法院应当按照2日家中监禁折合1日实际执行的监禁的方法，将家中监禁易科为实际执行的监禁，同时也应当决定监禁的执行方式。

社区服务

第54条

在对本法典规定的法定刑不超过5年监禁的轻罪作出判决时，在行为人同意的情况下，法院可以对其适用社区服务刑，期间不得低于40个小时不得高于300个小时。

第55条

1. 罪犯应当在相关的法院裁判最终生效之日起1年内履行社区服务。在可行的情况下，法院可以对行为人适用第51条第3款和第4款所指的禁令和义务，以促使行为人以正常的方式生活；通常法院还应当命令其尽其所能赔偿犯罪所造成的损失。下列期间不能计入履行社区服务的刑期：

a）因为疾病不能履行社区服务或者未被指派任何工作的期间；

b）服法定兵役或者履行替代法定兵役的其他服役期间；

c）居留于国外期间；

d）因为其他犯罪而被审前羁押或者服监禁刑的期间。

2. 如果行为人正长期患病或者残疾的，法院不应当适用社区服务。

3. 罪犯有义务亲自并且在其空闲时间无偿从事社区服务。

4. 如果罪犯不能以正常方式生活、因为其自己的过错不在规定的时间内履行服务，或者不尊重所被适用的禁令或者不履行所被适用的义务的，法院应当按照每2小时未执行的社区服务折合1日实际监禁的方法，将社区服务全部或者其剩余部分易科为实际执行的监禁，同时确定监禁的执行方式。

5. 如果罪犯在社区服务执行期间在本人无任何过错的情况下长期患病或者永久残疾的，法院可以免除社区服务的执行。

罚金

第56条

1. 对实施故意犯罪以此获取或者试图获取财产利益的罪犯，法院可以适用不少于160欧元不超过331930欧元的罚金。

2. 在不符合第1款所指条件的情况下，如果法院考虑犯罪的性质和犯罪人的矫正潜能决定不适用监禁刑的，可以对轻罪适用罚金。

3. 考虑罚金的数额和犯罪人的个人状况、财产状况，法院可以准许按月分期支付罚金。法院同时应当决定分期支付的数额和支付罚金刑的时间期限，该期限不能超过该有罪判决生效之日起1年。

4. 在对同一犯罪判处新的罚金或者判处并罚的刑罚或者共同的刑罚的罚金时，应当将被判刑人已经支付的罚金数额计入其中。

5. 如果将会阻碍对犯罪所导致的损失的偿付的，法院不应当适用罚金。

第 57 条

1．在确定罚金的数额时，法院还应当考虑罪犯的个人情况和财产状况。如果明显地不可能征收的，法院不应当适用罚金。

2．所缴纳的罚金属于国家财政收入。

3．在适用罚金的同时，法院应当适用一个可替代适用的 5 年以下的监禁刑，如果故意妨碍罚金刑执行的，将执行该监禁刑。该替代适用的刑罚和其被判处的监禁刑的总和不能超过该犯罪的法定刑幅度。

4．如果易科刑罚将会超过第 3 款所指的幅度或者罚金与终身监禁并科时，法院不应当适用可替代适用的刑罚。

没收财产

第 58 条

1．对被判处终身监禁的罪犯或者因为实施特别严重的重罪被判处实际执行的监禁的罪犯，如果通过犯罪获取或者试图获取数额特别巨大的财产利益或者导致数额特别巨大的损失的，法院可以考虑犯罪实施的情节和罪犯的个人状况判处没收财产。

2．对实施非法制造、持有、交易麻醉药品、精神药品、毒品或者前体物质罪（第 172 条第 2 款、第 3 款、第 4 款或者第 173 条），贩卖人口罪（第 179 条），贩卖儿童罪（第 180 条第 2 款、第 3 款或者第 181 条），胁迫罪（第 189 条第 2 款 c 项），严重强迫罪（第 190 条第 1 款、第 3 款、第 4 款、第 5 款或者第 191 条第 3 款、第 4 款），强迫罪（第 192 条第 3 款、第 4 款），赃物罪（第 231 条第 2 款、第 3 款、第 4 款或者第 232 条第 3 款、第 4 款），合法化犯罪所得罪（第 233 条或者第 234 条），伪造、变造、非法制造货币或者证券罪（第 270 条），流通伪造、变造、非法制造的货币或者证券罪（第 271 条第 1 款），制作或者持有用于伪造或者变造的设备罪（第 272 条第 2 款），不解缴税款或者保险费罪（第 277 条），不缴纳税款罪（第 278 条第 2 款或者第 3 款），违反国家有关商品标签技术措施的规定罪（第 279 条第 2 款或者第 3 款），建立、操纵、支持犯罪集团罪（第 296 条），建立、操纵、支持恐怖主义集团罪（第 297 条），恐怖活动罪（第 313 条或者第 314 条），受贿罪（第 328 条第 2 款、第 3 款或者第 329 条第 2 款、第 3 款），行贿罪（第 334 条第 2 款或者第 335 条第 2 款），伪造或者变造公文、公章、官方封记、官方徽章或者官方标志罪（第 352 条第 6 款），偷渡罪（第 355 条或者第 356 条），淫媒罪（第 367 条第 3 款），制作儿童淫秽物品罪（第 368 条），传播儿童淫秽物品罪（第 369 条），败坏风化罪（第 372 条第 2 款、第 3 款），恐怖主义或者以其他形式参与恐怖主义罪（第 419 条）的犯罪人，即使不符合第 1 款所指的条件，法院也应当对之适用没收财产。

第 59 条

1. 在破产程序终结后，对被正在执行没收财产刑罚的被判刑人在其所有的范围内，没收财产刑应当及于下列对象：

a）来源于财产清算的所得；

b）未列入财产清单的财产；

c）进入破产程序但未被清算的财产。

2. 被没收的财产成为国家的财产，除非法院依据已经公布并且对斯洛伐克共和国有约束力的国际条约作出不同的决定。

3. 没收财产的生效判决将导致配偶共有财产的分割。

第 60 条　没收物品

1. 法院应当决定没收下列物品：

a）已经用于实施犯罪的物品；

b）意图用于实施犯罪的物品；

c）通过犯罪所获得的物品，或者作为实施犯罪的报酬的物品；或者

d）犯罪人通过转换本款 c 项所指的物品所获得的物品。

2．如果第 1 款所指的物品无法取得或者辨认，或者与行为人或者其他人以合法手段获得的财产混合的，法院可以决定没收与第 1 款所指物品的价值相等的物品。

3．无法取得的物品，是指出于排除刑事诉讼机关支配的目的，予以毁灭、破坏、窃取，使之陷入无法使用状态、消耗、藏匿、转让他人的物品，或者以各种方式予以移除或者降低其价值的物品。

4．第 1 款所指的物品也应当包括犯罪所得以及来源于这些所得或者物品的利润、利息或者其他利益。

5．只有该物品归罪犯所有时，法院才能适用没收物品之刑罚。

6．被没收的财产成为国家的财产，除非法院依据已经公布并且对斯洛伐克共和国有约束力的国际条约作出不同的决定。

7．对下列情况不应当适用第 1 款的规定：

a）没收物品将使被害人有权利就犯罪所导致的损失获得的赔偿无法实现的；

b）物品的价值与轻罪的严重程度明显地不相称的；或者

c）法院免除行为人的刑罚的。

第 61 条　禁止从事特定活动

1．禁止从事特定活动，意味着在刑罚执行期间不允许被判刑人从事特定的工作、职业、职位或者不得实施需要获得特别许可或者依据其他法律的特别规定进行管理的活动。

2. 如果行为人实施与这些活动有关的犯罪的，法院可以适用禁止从事特定活动，期间不得少于1年不得超过10年。

3. 禁止从事特定活动的刑罚执行不包括罪犯实际执行监禁的期间。但是，禁止从事特定活动的期间应当包括在判决生效之前依据专门的条例撤销让其从事后来被禁止的活动的许可证的期间以及判决生效之前依据国家机关的决定不再准许其实施这些活动的期间。

4. 在对同一犯罪判处新的禁止从事特定活动或者判处该刑罚的并罚的刑罚或者共同的刑罚时，应当将已经执行的禁止从事特定活动的期间计入其中。

第62条　禁止居留

1. 禁止居留，意味着罪犯在刑罚执行期间内不能居留于特定的地点或者地区；如果出现紧急的个人事务的，需要获得出现在这些地点或者地区的授权。

2. 对于故意犯罪，如果基于罪犯的现行生活方式、犯罪地的公共秩序、保护家庭、健康、道德或者财产而认为必要的，法院可以适用禁止居留1年以上10年以下；禁止居留不适用于罪犯永久居住的场所或者地区。

3. 法院可以在该刑罚执行期间适用第51条第3款和第4款规定的禁令和义务使其以正常的方式生活，但禁止居留与实际执行的监禁并处时除外。

4. 罪犯服实际执行的监禁的期间不能计入禁止居留的刑罚执行期间。

5. 如果从事的活动需要在禁止居留的地点内实施的，禁止居留不能与社区服务并处。

第 63 条 剥夺荣誉头衔或者奖励

1. 剥夺荣誉头衔或者奖励，意味着罪犯被剥夺勋章或者依据其他法律授予的其他荣誉头衔。

2. 对因为实施特别严重的重罪而被判处超过 5 年实际执行的监禁的罪犯，法院可以适用剥夺荣誉头衔或者奖励之刑罚。

3. 如果基于所实施的特别严重的重罪的性质认为对维护在作出有罪判决之前授予犯罪人的荣誉头衔或者奖励所必需时，法院也可以与低于上述期间的监禁或者其他刑罚并处本种刑罚。

第 64 条 剥夺军衔或者其他职衔

1. 剥夺军衔或者其他职衔，意味着对作为军队成员的被判刑人员降低其军衔，对作为其他武装力量的成员的被判刑人剥夺其职衔。

2. 在对实施故意犯罪而被判处不少于 2 年实际执行的监禁的罪犯判处刑罚时，如果其具有这些职衔的，法院应当并处剥夺军衔或者其他职衔。

3. 如果基于所实施的犯罪的性质认为对维护军队或者其他武装力量的纪律或者秩序所必需时，法院也可以对属于军队或者其他武装力量的成员的犯罪人和低于上述期间的监禁或者其他刑罚并处本种刑罚。

第 65 条 驱逐出境

1. 对既不属于斯洛伐克共和国公民、其他欧盟成员国公民、《欧洲经济区协定》缔约国的公民也没有获得难民身份的罪犯，如果基于人身安全、财产安全或者其他公共利益安全认为有必要时，法院可以适用从斯洛伐克共和国领域驱逐出境的刑罚。

2. 驱逐出境不能适用于下列罪犯：

a）不能确定其国籍或者是从哪一国家来斯洛伐克共和国的；

b）罪犯在接受国将会因为种族、肤色、族群、宗教、民族、属于特定社会团体、政治信仰而使其生命或者人身自由面临危险；但这不适用于可以合理地认为对斯洛伐克共和国的安全构成危险的罪犯或者因为实施特别严重的重罪而被法院作出有罪判决的罪犯；

c）在被驱逐国其已经被判处死刑，或者认为在将进行的刑事诉讼中可能被适用死刑，或者在该国存在遭受酷刑危险的。

3．法院可以在不少于1年不超过15年的期间内适用驱逐出境之刑罚。

第四章　假释和附条件免除剩余刑罚

假释

第66条

1．如果罪犯在服刑期间以其履行义务和行为表现证明其已经被矫正，可以期待其将来会以正常的方式生活，并且符合下列条件的，法院可以决定将其假释：

a）在罪犯因为实施轻罪所被判处的实际执行的监禁刑期或者依据斯洛伐克共和国总统的决定被减刑后的监禁刑期服刑已满1/2；

b）在罪犯因为实施重罪所被判处的实际执行的监禁刑期或者依据斯洛伐克共和国总统的决定被减刑后的监禁刑期服刑已满2/3。

2. 在决定假释时，法院应当考虑罪犯以往的生活方式和其被指定执行监禁的行刑机构的戒备等级。

第 67 条

1. 因为实施特别严重的重罪而被判刑的罪犯，只能在服刑已满 3/4 后才可以被假释。

2. 被判处终身监禁的罪犯，在实际执行的刑期不少于 25 年后可以被假释。

3. 再次被判处终身监禁的罪犯，不能被假释。

第 68 条

1. 在决定假释罪犯时，法院应当在 1 年以上 5 年以下的幅度内确定考验期间；考验期间从罪犯被假释之日起计算。法院可以同时裁定将被假释人交付保护观察 3 年以下，并且对之适用第 51 条第 3 款和第 4 款规定的禁令或者义务。

2. 如果被假释人在考验期内以正常的方式生活并且履行了所适用的禁令、义务的，法院应当作出宣告被假释人已经以其行为表现证明自己的裁定；在相反的情况下，法院可以在考验期内决定实际执行其剩余刑罚。

3. 如果法院裁定被假释人已经以其行为表现证明自己的，从其被假释之日起视为刑罚执行完毕。

4. 如果法院在考验期届满之后 1 年内没有决定执行剩余刑期，并且不是因为被假释人的阻碍所致的，对被缓刑人从其被假释之日起视为刑罚执行完毕。如果针对行为人在考验期内所实施的故意犯罪进行刑事追诉的，法院可以在考验期届满之后 2 年内作出执行剩余刑期的决定。

5. 对同一刑罚的执行，不能再次适用假释。

附条件免除禁止从事特定活动的剩余刑罚

第69条

1．在禁止从事特定活动之刑罚服刑满1/2之后，如果罪犯以其在服刑期间的生活方式表明没有必要继续执行刑罚的，法院可以决定附条件免除其剩余刑罚。

2．对予以附条件免除禁止从事特定活动之剩余刑罚的罪犯，法院应当规定考验期，期间不得超过5年也不得低于剩余刑期；考验期从免除剩余刑罚的决定生效之日的次日起计算。

3．在可行的情况下，法院在决定免除禁止从事特定活动之剩余刑罚的同时，出于鼓励被假释人以正常方式生活的目的，可以对之适用第51条第3款和第4款规定的禁令和义务；通常法院还应当适用命令其尽其所能赔偿犯罪所造成的全部或者法院所确定的部分损失。

第70条

1．如果被附条件免除禁止从事特定活动之剩余刑罚的罪犯，在考验期内以正常方式生活并且履行所被适用的禁令、义务的，法院应当作出宣告其已经以其行为表现证明自己的决定；在相反的情况下，法院可以在考验期内决定执行其剩余刑罚。

2．如果法院裁定宣告罪犯已经以其行为表现证明自己的，被作出附条件免除剩余刑罚的决定生效之日，其禁止从事特定活动之剩余刑罚视为执行完毕。

3．如果法院在考验期届满之后1年内没有决定执行剩余刑罚，并且不是因为被判刑人的阻碍所致的，在被作出附条件免除剩余刑罚的决定生效之日，其禁止从事特定活动之刑罚也应当被视为执行完毕。

附条件免除禁止居留的剩余刑罚

第 71 条

1. 在禁止居留之刑罚服刑满 1/2 之后，如果罪犯以其在服刑期间的生活方式表明没有必要继续执行刑罚的，法院可以决定附条件免除其剩余刑罚。

2. 对予以附条件免除禁止居留之剩余刑罚的罪犯，法院应当规定考验期，期间不得超过 5 年也不得低于剩余刑期；考验期从免除剩余刑罚的决定生效之日的次日起计算。

3. 在可行的情况下，法院在决定免除禁止居留之剩余刑罚的同时，出于鼓励被假释人以正常方式生活的目的，可以对之适用第 51 条第 3 款和第 4 款规定的禁令和义务；通常法院还应当适用命令其尽其所能赔偿犯罪所造成的全部或者法院所确定的部分损失。

第 72 条

1. 如果被附条件免除禁止居留之剩余刑罚的罪犯，在考验期内以正常方式生活并且履行所被适用的禁令、义务的，法院应当作出宣告罪犯已经以其行为表现证明自己的裁定；在相反的情况下，法院可以在考验期内决定执行其剩余刑罚。

2. 如果法院裁定确认被判刑人的行为表现的，被作出附条件免除剩余刑罚的决定生效之日，其禁止居留之剩余刑罚被视为执行完毕。

3. 如果法院在考验期届满之后 1 年内没有决定执行剩余刑罚，并且不是因为被判刑人的阻碍所致的，在被作出附条件免除剩余刑罚的决定生效之日，其禁止居留之剩余刑罚也应当被视为执行完毕。

第五章　保安处分

保安治疗

第 73 条

1. 在第 39 条第 2 款 c 项和第 40 条第 1 款 c 项所指的情况下，或者行为人因为是在精神错乱状态下实施行为而不承担刑事责任并且对其放任自由可能存在危险的情况下，法院应当适用保安治疗。

2. 对下列情形，法院也可以适用保安治疗：

a）在精神减弱状态下实施犯罪行为并且继续对其放任自由可能存在危险的人；

b）针对关系密切人或者被托付照料人实施暴力行为并且基于行为人的人格可以合理地认为其将继续实施该暴力行为的；或者

c）在致瘾物质的作用下或者与滥用致瘾物质相关的情况下实施犯罪行为的人。

3. 如果考虑行为人的人身情况明显不可能实现其目的，不能适用保安治疗。

4. 保安治疗可以附加于刑罚适用，也可以在免除刑罚时单独适用。

第 74 条

1. 如果机构保安治疗附加于监禁适用的，保安治疗通常是罪犯在行刑机构内开始服刑之后予以实施。在其他情况下，保安治疗通常应当在医疗机构内实施。如果考虑疾病的性质和治疗前景认为门诊治疗也可以实现治疗目的，法院可以适用门诊治疗。法院可以在随后的适当时候将机构保安治疗变更为门诊保安治疗，反之亦然。如果法院认为在行刑机构服监禁刑期间的长短不足以实现保安治疗的目的的，可以决定在服刑完毕之后继续在医疗机构中接受此种机构治疗或者门诊治疗。

2. 保安治疗可以持续到其目的实现所需的期间。但是，如果在治疗期间其目的明显不可能实现时，适用于在滥用致瘾物质所致的影响作用下或者与该滥用相关的情况下实施犯罪的滥用致瘾物质的人的保安治疗，可以被终止。保安治疗的解除，由法院决定。

3. 如果在保安治疗开始实施之前作为其适用前提的情况不复存在的，法院应当撤销其适用保安治疗的决定。

第 75 条　保安教养

保安教养的适用条件和执行，应当依据关于追诉未成年罪犯的特别条款。

保安监督

第 76 条

1. 对因为特别严重的重罪被判处实际执行的监禁的罪犯，法院应当适用保安监督。

2. 犯罪人曾经至少两次因为实施某种故意犯罪而服监禁刑又再次实施该犯罪被判处实际执行的监禁的，如果基于其人格（尤其是其以往的生活方式和生活环境）和所实施犯罪的性质，不能合理地期待其在监禁服刑完毕后将以正常方式生活的，法院也可以对之适用保安监督。

3. 如果基于罪犯在监禁行刑机构中的行为表现不能合理地

期待其在监禁服刑完毕后将以正常方式生活的，即使不符合第2款所指的条件，法院也可以在监禁服刑完毕之前基于检察官或者行刑机构负责人的提议决定对之适用保安监督。

4. 保安监督不能适用于未成年罪犯和被判处终身监禁的罪犯。

第77条

1. 被法院适用保安监督的被判刑人在监禁刑服刑完毕之后有下列义务：

a）报告有关其维持生计的手段和来源的必要信息，并且提供相关证据；

b）在规定的时间内报到；以及

c）在离开法院指定的住所时提前报告。

2. 对被适用保安监督的被判刑人，也可以适用第51条第3款和第4款所指的其他禁令或者义务。

第78条

1. 保安监督的期间应当在1年以上3年以下的幅度内适用。

2. 再次适用保安监督（即在前一被适用的保安监督结束之前再次适用）的，再次适用的保安监督的期间和前一保安监督的剩余期间的总和不能超过5年。

第79条

保安监督在下列情况下应当终止：

a）所被适用的期间届满的；或者

b）法院宣告被假释人已经以其行为表现证明自己的裁定生效之日。

第80条

如果认为没有必要继续执行的，法院可以免除剩余的保安监督。

保安收容

第81条

1. 如果罪犯在服刑期间患有依据医疗鉴定报告无法治愈的精神病，同时考虑其所实施的犯罪，认为对其放任自由可能对社会存在危险的，基于检察官或者行刑机构负责人的提议，法官应当决定中断执行监禁刑并且将其移交收容机构。

2. 实施故意犯罪的罪犯拒绝接受保安治疗或者因为其消极的态度使保安治疗的目的不能实现，并且对其放任自由可能对社会存在危险的，法院也可以在其监禁刑执行完毕之前决定将其移交收容机构；应当在监禁执行完毕之后将该犯罪人移交收容机构。

3. 对性犯罪的犯罪人或者特别严重的重罪的惯犯，如果法院认为必要的，也可以在其监禁刑执行完毕之前决定将其移交收容机构；应当在监禁执行完毕之后将该犯罪人移交收容机构。

第82条

1. 将行为人移交收容机构的目的是，通过专门的治疗制度和与社会的持续隔离，防止行为人实施犯罪或者以其他方式产生刑事责任的行为。

2. 行为人应当停留于收容机构中，直至可以通过较轻的处分措施确保社会免受行为人危害时止。

3. 法院应当每年至少两次或者在收容机构提议的任何时候，基于医疗鉴定报告对将行为人置于收容机构中的理由进行重新审查，应当作出继续收容的决定；如果收容的理由消失的，应当作出解除收容的决定并且决定继续执行监禁刑。

第 83 条　罚没物品

1. 如果没有被适用第 60 条第 1 款所指的没收物品之刑罚的，法院应当决定罚没下列物品：

a）属于不能被起诉或者定罪的行为人的物品；

b）属于被法院免除刑罚的行为人、被中止刑事追诉的行为人、被附条件中止起诉的行为人或者因为达成调解协议而被中止起诉的行为人的物品；

c）没有控制磁条或者具有普适效力的关于税收标志的法规所要求的其他技术监督措施的商品；

d）基于案件情节可以合理地推定该物品可能被用作资助恐怖主义的来源的；或者

e）基于人身、财产或者其他类似公共利益的安全而必需的。

2. 被罚没的物品成为国家的财产，除非法院依据已经公布并且对斯洛伐克共和国有约束力的国际条约作出不同的决定。

3. 对下列情况不应当适用第 1 款的规定：

a）罚没物品将使被害人有权利就犯罪所导致的损失获得的赔偿无法实现的；或者

b）物品的价值与轻罪的严重程度明显地不相称的。

第 83 条 A　罚没特定数额的金钱

1. 以与下列情形相关的方式实行犯罪（即使未遂也不例外）或者参与实施共同犯罪的，法院可以对法人适用罚没特定数额的金钱：

a）行使代表法人的权力；

b）以法人的名义作出决定的权力；

c）行使在法人内部实施管理的权力；或者

d）在法人内部疏于监督或者应有的勤勉。

2. 如果因为法人作为债务人的经济状况根据有关破产程序的特别条例的规定不能适用该处分的，或者执行该保安处分将损害国家、欧盟、外国国家或者公共国际组织的机关的财产的，不应当对法人适用第 1 款规定的保安处分。如果第 1 款所指犯罪的刑事责任因为已过追诉时效或者有效悔罪而消灭的，也不应当适用该保安处分。

3. 法院可以在 800 欧元至 1660000 欧元的幅度内适用罚没特定数额的金钱之处分。在确定罚没金钱的数额时，法院应当考虑所实施犯罪的严重程度、犯罪的规模、所获得的利益、所造成的损失、犯罪实施的情节和对法人的后果。如果对法人适用第 83 条 B 规定的罚没财产之处分的，法院不应当同时适用罚没特定数额的金钱之处分。

4. 在法人合并、兼并、分立的情况下，法院应当对已经终止的法人的合法继受法人适用第 1 款所指的保安处分。

5. 被支付或者执行的特定数额金钱成为国家的财产，除非法院依据已经公布并且对斯洛伐克共和国有约束力的国际条约作出不同的决定。

第 83 条 B　罚没财产

1. 以与下列情形相关的方式实行第 58 条第 2 款所规定的犯罪（即使未遂也不例外）或者参与实施其共同犯罪，并且法人获得了犯罪所得的或者来源于犯罪所得的全部或者部分财产的，法院应当对该法人适用罚没财产：

a）行使代表法人的权力；

b）以法人的名义作出决定的权力；

c）行使在法人内部实施管理的权力；或者

d）在法人内部疏于监督或者应有的勤勉。

2. 如果因为法人作为债务人的经济状况根据有关破产程序的特别条例的规定不能适用该处分的，或者执行该保安处分将损害国家、欧盟、外国国家或者公共国际组织的机关的财产的，不应当对法人适用第 1 款规定的保安处分。如果第 1 款所指犯罪的刑事责任因为已过追诉时效或者有效悔罪而消灭的，也不应当适用该保安处分。

3. 如果基于所实施犯罪的严重程度、犯罪的规模、所获得的利益、所造成的损失、犯罪实施的情节、对法人的后果和重要的公共利益，法院认为即使不对该法人适用罚没财产也能实现对社会的保护的，不应当适用第 1 款所指的保安处分。如果对法人适用第 83 条 A 规定的罚没特定数额的金钱之处分的，法院不应当同时适用罚没财产之处分。

4. 在破产程序终结后，对被正在执行罚没财产处分的法人在其所有的范围内，没收财产刑应当及于下列对象：

a）来源于财产清算的所得；

b）未列入财产清单的财产；

c）进入破产程序但未被清算的财产。

5. 在法人合并、兼并、分立的情况下，法院应当对已经终止的法人的合法继受法人适用第 1 款所指的保安处分。

6. 被罚没的财产成为国家的财产，除非法院依据已经公布并且对斯洛伐克共和国有约束力的国际条约作出不同的决定。

第三编 犯罪和刑罚的消灭

第 84 条 法律的变更

对在实施之时符合本法典分则的犯罪的构成要件的行为，如果此后施行的法律规定该行为不构成犯罪的，其犯罪性消灭。

有效悔罪

第 85 条

如果实施传播危险的人类传染病罪（第 163 条），以变质食品或者其他物品危害健康罪（第 168 条），劫持人质罪（第 185 条），合法化犯罪所得罪（第 233 条和第 234 条），管理他人财产背信罪（第 238 条），违反有关与外国之间的商品流通的法规罪（第 254 条），违反管理受监管商品或者技术的规定罪（第 255 条、第 256 条和第 257 条），危害外汇交易罪（第 258 条），歪曲有关经营和财产状况的资料罪（第 260 条），损害欧盟财政利益罪（第 263 条），危害商业、银行、邮政、电信、税收秘密罪（第 264 条），少缴税款或者保险费罪（第 276 条），危害公共安全罪（第 284 条），破坏或者危害公用设施运行罪（第 286 条），危害或者破坏环境罪（第 300 条和第 301 条），叛国罪（第 311 条），阴谋危害斯洛伐克共和国罪（第 312 条），恐怖活动罪（第 313 条和第 314 条），实施破坏活动罪（第 315 条和第 316 条），阴谋破坏罪（第 317 条），间谍罪（第 318 条），危害绝密或者机密情报安全罪（第 319 条和第 320 条），危害秘密或者限制的情报安全罪（第353条），囚犯叛乱罪（第358条），散布使公众惊恐的虚假信息罪（第361条和第362条），种族灭绝罪（第418条），恐怖主义或者以其他形式参与恐怖主义罪（第419条），反人类罪（第425条），使用禁用武器或者非法的作战方法罪（第426条）的行为人自动地实施下列行为的，消灭其刑事责任：

a）避免或者弥补犯罪的危害后果；或者

b）在犯罪的危害后果尚且能够被避免之时报告其犯罪的；应当向刑事诉讼主管机关或者警察机关报告；军人可以向其上级军官或者服役机关报告，正在服监禁刑或者被羁押的人可以向斯洛伐克共和国监狱和法庭警卫部队的官员报告。

第86条

1. 下列犯罪的刑事责任也应当消灭：

a）对不履行法定供养义务罪（第207条），如果犯罪没有导致不可挽回的消极后果并且行为人随后在法院宣判前的闭门商议之前履行其义务的；

b）对不履行法定供养义务罪（第207条），在劳动、社会、家庭办公室依据专门的法规基于供养费支付请求向受益人替代提供全部的供养费的情况下，如果犯罪没有导致不可挽回的消极后果并且行为人随后在法院宣判前的闭门商议之前向劳动、社会、家庭办公室偿还其替代支付的扶养费的；

c）对不支付工资或者离职金罪（第214条），如果犯罪没有导致不可挽回的消极后果并且行为人随后在犯罪完成之日起60日内履行其义务的；

d）对违反经济竞争规则罪（第250条），如果行为人以其行为为其他商人或者法人充足保护经济竞争的法律规定的不适用或者减轻适用罚款的条件提供便利的；

e）对不解缴税款或者保险费罪（第277条）或者不缴纳税款罪（第278条），如果行为人在不晚于对其的案件调查作出结论之日的次日支付了所欠的税款及其附属费用或者保险费的；

f）对建立、操纵、支持犯罪集团罪（第296条），建立、操纵、支持恐怖主义集团罪（第297条），如果行为人在集团的其他活动所产生的威胁尚且能够被消除之时，向刑事诉讼的主管机关或者警察机关报告的；军人可以向其上级军官或者服役机关报告，正在服监禁刑或者被羁押的人可以向斯洛伐克共和国监狱和法庭警卫部队的官员报告；

g）对行贿罪（第332条、第333条或者第335条）和影响力交易罪（第336条第2款），如果行为人只是因为被索贿而提供贿赂或者许诺提供贿赂并且主动地、无耽搁地向刑事诉讼的主管机关或者警察机关报告该事实的；军人可以向其上级军官或者服役机关报告，正在服监禁刑或者被羁押的人可以向斯洛伐克共和国监狱和法庭警卫部队的官员报告。

追诉时效

第87条

1. 如果下列时效期间届满的，犯罪行为的刑事责任消灭：

a）对本法典规定的最高刑为终身监禁的重罪，为30年；

b）对本法典分则规定的最高刑不少于10年监禁的重罪，为20年；

c）对其他重罪，为10年；

d）对本法典分则规定的最高刑不少于3年监禁的轻罪，为5年；

e）对其他轻罪，为3年。

2. 时效期间不应当包括：

a）因为法律障碍而不能对行为人进行审理的期间；

b）行为人意图逃避刑事追诉而居留国外的期间；

c）附条件不起诉的考验期间；

d）暂时推迟起诉的期间；

e）刑事诉讼中断期间。

3. 在下列情况下追诉时效期间应当中断：

a）对正在经历追诉时效的犯罪提出指控并且刑事追诉机关、负责审前程序的法官、法院实施有关对行为人进行刑事追诉相关的行为的；或者

b）行为人在犯罪的时效期间内又实施故意犯罪的。

4. 时效期间中断之日，新的时效期间重新开始起算。

第88条

本法典分则第十二编规定的犯罪，除支持或者宣传以压制基本权利和自由为宗旨的团体罪（第421条和第422条），诽谤民族、种族或者信仰罪（第423条）和煽动民族、种族、族群仇恨罪（第424条）以外，不适用追诉时效。

第89条　特赦和减刑

1. 如果斯洛伐克共和国总统行使其特赦权力赦免被判刑人的，该被判刑人被判处的刑罚消灭。但是，在被判刑人对判处多个刑罚的情况下，如果共和国总统的特赦决定只包括其中部分刑罚的，特赦的效力不能及于其他刑罚。

2. 如果斯洛伐克共和国总统行使其减刑权力减轻被判刑人的刑罚，该被判刑人被减轻的这部分刑罚视为执行完毕。但是，在被判刑人对判处多个刑罚的情况下，如果共和国总统的减刑决定只包括其中部分刑罚的，减刑的效力不能及于其他刑罚。

行刑时效

第 90 条

1. 在经历下列时效期间后，刑罚不能被执行：

a）终身监禁，为 20 年；

b）超过 10 年的监禁，为 15 年；

c）不少于 5 年的监禁，为 10 年；

d）其他刑罚，为 5 年。

2. 行刑时效期间从判决生效之日起算；在监禁缓刑、交付保护观察的监禁缓刑、实际执行监禁的假释和交付保护观察的实际执行监禁的假释的案件中，时效期间从实际执行刑罚或者剩余刑罚的决定生效之日起算。

3. 行刑时效期间不应当包括行为人意图逃避刑事追诉而居留国外无法执行刑罚的期间或者正在执行其他监禁刑的期间。

4. 行刑时效期间在下列情况下中断：

a）法院采取意图执行正在经历时效期间的刑罚的行动；或者

b）被判刑人在时效期间内实施新的犯罪的。

5. 时效期间中断之日，新的时效期间重新开始起算。

第 91 条

对本法典分则第十二编规定的犯罪所判处的刑罚，除支持或者宣传以压制基本权利和自由为宗旨的团体罪（第 421 条和第 422 条），诽谤民族、种族或者信仰罪（第 423 条）和煽动民族、种族、族群仇恨罪（第 424 条）以外，不适用行刑时效。

前科消灭

第 92 条

1. 如果被判决有罪的人在服刑完毕、免除刑罚或者行刑时效已过之后，连续地以正常方式生活所经历的期间不少于下列时间的，法院应当消灭其前科：

a）超过 5 年的监禁，为 10 年；

b）超过 1 年的监禁，为 5 年；

c）不超过 1 年的监禁，为 3 年。

2. 对判处第 32 条 b 项至 k 项所指的刑罚，在这些刑罚执行完毕之后其前科消灭。

3. 被判刑人在刑罚执行完毕、免除刑罚或者行刑时效已满之后，如果其以良好的行为表现证明其已经被矫正的，可以请求法院消灭其前科（即使在第 1 款所指的期间届满之前也可）。

4. 对被假释人或者交付保护观察的被假释人而言，第 1 款所指的时限应当以其实际执行的刑期为基础确定；假释之日视为刑罚执行完毕。如果所判刑罚被斯洛伐克共和国总统决定减刑的，上述期间应当依据被减刑之后的刑罚长度为基础决定。

5. 如果斯洛伐克共和国总统行使特赦或者大赦权力发布有关前科消灭的命令的，行为人的前科消灭。

第 93 条

1. 在前科消灭后，行为人被视为从未受过有罪判决。

2. 在行为人被同时适用数个刑罚的情况下，如果其中有监禁刑的，在第 92 条规定的监禁刑的前科消灭期间届满之前，不能消灭其前科。

第四编 关于追诉未成年犯罪人的特别规定

第一章 刑事责任

第94条 一般规定

1．未成年犯罪人，是指在实施犯罪时已满14周岁不满18周岁的自然人。

2．除非本编另有规定，本法典的其他条款也应当适用于未成年犯罪人。

第95条 刑事责任

1．在实施犯罪行为时不满15周岁的未成年人，如果没有达到能够认识其行为的违法性或者控制其行为的精神和道德成熟水平的，不应当对其所实施的行为承担刑事责任。

2．未成年人实施符合本法典规定的轻罪构成要件的行为并且危害微小的，不应当以犯罪论处。

第二章　刑事追诉的消灭

第 96 条　追诉时效

1. 如果下列时效期间届满的，犯罪行为的刑事责任消灭：

a）对本法典规定的最高刑为终身监禁的犯罪，为 10 年；

b）对本法典分则规定的最高刑不少于 10 年监禁的犯罪，为 5 年；

c）对其他犯罪，为 3 年。

2. 对本法典规定不适用追诉时效的犯罪，追诉时效期间的届满不能导致其刑事责任的消灭。

第三章　对未成年罪犯适用的制裁和教育处分

第 97 条　刑罚和教育处分的目的

1. 适用于未成年罪犯的刑罚的目的，主要是对其进行矫正使其以正常方式生活，同时预防实施不法行为和充分地保护社会；同时以恢复被扰乱的社会关系和使未成年罪犯融入家庭和社会环境为目的。

2. 适用于未成年罪犯的保安处分和教育处分的目的是，根据行为人的精神和道德发育程度、人格、所处家庭的教育和环境，对其精神、道德、社会教育施加积极影响，同时保护未成年罪犯免受有害影响和保护社会免受犯罪实施的危害。

3. 在适用刑罚、保安处分或者教育处分时，法院应当基于未成年犯罪人的人格、年龄、精神和道德成熟程度、健康状况、个人环境、家庭环境、社会环境，使之与其所实施的犯罪的性质和严重程度相称，并且促使未成年犯罪人融入家庭、社会环境以预防其实施不法行为。

免除刑罚

第98条

如果实施轻罪的未成年犯罪人悔悟其所实施的犯罪并且表现出实际有效的矫正意图，并且具有下列情形之一的，法院可以予以免除其刑罚：

a）基于该轻罪的性质和行为人以往的生活方式可以合理地认为法院对该案件的审理本身就足以实现其矫正的；或者

b）法院接受未成年犯罪人的矫正保证并且基于对提供保证人的教育影响、所实施的轻罪的性质和行为人的人格认为不需要适用刑罚的。

第99条

实施轻罪的未成年犯罪人具有下列情形之一的，法院也可以免除其刑罚：

a）在精神减弱状态下实施轻罪并且法院认为适用保安处分比刑罚能够更有效地实现犯罪认定矫正的；或者

b）正在被移交接受保安处分或者教育处分并且法院认为不需要适用刑罚就能实现本法典的目的的。

第100条

如果未成年犯罪人被免除刑罚的，视为未受到有罪判决。

第101条　附条件免除刑罚

1. 依据第98条所规定的条件，如果认为有必要在特定的期间内监督未成年犯罪人的行为表现的，法院可以附条件免除刑罚，同时让其在考验期内接受保护观察。

2. 法院应当在为1年以下的幅度内确定附条件免除刑罚的考验期，同时，法院还应当对未成年犯罪人适用第51条第3款和第4款规定的禁令和义务以促使其以正常的方式生活；通常也应当对之适用赔偿犯罪所造成的损失。

3. 未成年犯罪人在考验期内实施了可以导致决定对之判处刑罚的行为时，基于案件的情节和未成年犯罪人的人格，法院可以决定维持附条件的免除刑罚并且：

a）将行为人交付保护观察，但此前已经适用该措施的除外；

b）在适当的情况下延长考验期，但不得超过1年；或者

c）适用教育处分促使其以正常的方式生活。

4. 如果被附条件免除刑罚的未成年犯罪人在考验期内以正常的方式生活并且遵守所被赋予的禁令、义务的，法院应当作出宣告该未成年犯罪人已经以其行为表现证明自己的裁定；在相反的情况下，法院应当在考验期内决定对行为人适用适当的刑罚。

5. 如果法院没有在考验期届满后1年内作出第4款规定的决定，并且不是因为未成年犯罪人的阻碍所致的，应当被视为获得法院的前述确认。

6. 如果法院宣告附条件免除刑罚的未成年犯罪人已经以其行为表现证明自己或者视为已经证明自己的，视为其未曾受到有罪判决。

第四章 保安教养

第 102 条 适用保安教养的根据

1. 在对未成年犯罪人判刑时，如果具备下列情形之一的，法院可以决定对其适用保安教养：

a）未成年犯罪人未受过适当的教养并且缺乏教养的状况不能在其所生活的家庭补偿的；

b）未成年犯罪人此前被疏于教养的；或者

c）未成年犯罪人所生活的环境不能保证对其进行适当的教养的。

2. 对军队成员不能适用保安教养。

第 103 条 保安教养的执行

1. 保安教养应当在专门的教养机构执行（下文称之为“机构保安教养”），也可以在专门的寄养家庭执行（下文称之为“寄养家庭保安教养”）；如果是犯罪人的健康状况需要的，优先考虑在医疗机构中执行。

2. 保安教养可以持续到其目的实现所需的期间，但不能延续至犯罪行为人满 18 周岁之后；如果基于未成年犯罪人利益的需要，法院可以延长保安教养的期间直至 18 周岁。

3. 在保安教养不能立即执行的情况下，法院应当裁定在开始执行之前将该犯罪人交付缓刑或者调解官员的监督之下。

4. 如果在保安教养开始实施之前作为其适用前提的情况不

复存在的，法院应当撤销该保安教养。

5. 如果未成年犯罪人的矫正程度已经达到可以合理地认为，即使没有机构保安教养或者寄养家庭保安教养的禁令，也能够以正常的方式生活，但是对之适用保安教养依据的特定情况仍然存在的，法院可以附条件免除保安教养，并且将该未成年犯罪人置于保安教养机构或者寄养家庭之外。法院可以同时决定将该未成年犯罪人交付缓刑或者调解官员的监督或者对之适用其他教育处分。

6. 如果行为人不能兑现对其在没有适用于保安教养的禁令的情况下以正常的方式生活的期待的，法院应当撤销将未成年犯罪人从保安教养机构或者寄养家庭附条件释放的决定，并且决定继续执行该保安教养。

保安教养执行方式的变更

第 104 条

1. 机构保安教养可以在任何时候被替代为寄养家庭保安教养，反之亦然。

2. 如果基于保安教养的目的认为必要时，可以对受委托对未成年犯罪人进行家庭保安教养的自然人进行变更。

第 105 条

如果已满 12 周岁不满 14 周岁的未成年人实施了本法典规定可以判处终身监禁的犯罪行为的，法院应当基于检察官的提议通过民事诉讼程序对之适用保安教养；在为了确保对实施犯罪行为时不满 14 周岁的未成年人进行适当的教养而认为必要时，法院可以作出与前述各条规定相同的决定。

第五章 教育处分

第106条 教育处分的类型和适用

1．在附条件免除刑罚时或者在审前程序中，为了实现本法典的目的，可以对未成年犯罪人适用教育处分。

2．教育处分是指：

a）教育义务和禁令；

b）训诫。

3．教育处分可以由法院适用；在审前程序中，如果程序所指向的行为人同意的，检察官也可以适用。未成年犯罪人可以在刑事诉讼直至审前程序结束之前的任何时候，以向检察官提交书面申明的方式撤回其同意；教育处分的执行应当停止。

4．如果证实教育处分因为未成年犯罪人自身或者其他重大原因无法完全和及时地执行，或者该未成年犯罪人有过错不执行的，法院或者审前程序中的检察官应当撤销或者变更所适用的教育处分。

第107条 教育义务和禁令

1．法院或者审前程序中的检察官可以对未成年犯罪人适用教育义务和禁令，尤其是：

a）接受缓刑或者调解官员的考验监督；

b）与父母或者负责其教养的其他成年人一起居住；

c）尽力和被害人和解；

d）赔偿犯罪所造成的损失或者以其他方式弥补犯罪的后果；

e）在闲余时间无偿地从事社会公益活动；

f）接受有害成瘾治疗；

g）在考验计划之外在其闲余时间接受社会技能培训、心理咨询、心理治疗、教育、服务，重新取得资格或者其他适当计划以发展其社会技能和人格。

2. 只有在不妨碍其职业资格培训、尤其是教育机构课程所产生的义务的履行或者从事工作、职业的情况下，才能对未成年犯罪人适用从事社会公益活动，并且其期间每天不得超过4小时、每周不得超过18小时、总和不得超过60小时。

第108条　训诫

训诫由法院或者审前程序中的检察官在未成年犯罪人的法定代理人在场的情况下实施，应当有力地指明其行为的违法性并且应当警示其如果在将来实施犯罪依据本法典可能遭受的制裁。

第六章　刑　罚

第109条　刑罚类型

法院只能对未成年犯罪人适用下列刑罚：

a）社区服务；

b）罚金；

c）没收物品；

d）禁止从事特定活动；

e）驱逐出境；

f）监禁。

第 110 条 刑罚适用

1．法院在量刑时，应当将该未成年犯罪人履行的第 107 条所指的教育义务和禁令也视为从轻处罚情节。

2．在对行为人实施于未满 18 周岁和已满 18 周岁的犯罪适用并罚的刑罚或者共同的刑罚时，法院应当适用第 41 条和第 42 条的规定处理，但对其实施于未满 18 周岁时的犯罪所适用的刑罚幅度应当依据第 117 条的规定确定。

第 111 条 社区服务

在适用社区服务时，刑罚的上限不得超过法定最高刑的 1/2。社区服务的性质和从事服务的环境，不应当危害未成年犯罪人的健康、安全或者道德价值观的形成。

第 112 条 禁止从事特定活动

法院只能在不妨碍未成年犯罪人的职业资格培训的情况下适用禁止从事特定活动，该刑罚的上限不能超过 5 年。

第 113 条 驱逐出境

法院可以依据本法典规定的条件对未成年犯罪人适用驱逐出境刑，期间为 1 年以上 5 年以下。还应当考虑未成年犯罪人的家庭状况和个人状况，适当顾及不致使其陷入以不道德堕落的生活方式。

第 114 条 罚金

1．如果未成年犯罪人有工作收入或者其所有的财产能够支付罚金的，法院可以对之判处 30 欧元以上 16590 欧元以下罚金。

2．在对未成年犯罪人适用罚金刑时，法院应当确定一个可替代适用的 1 年以下的监禁，如果故意妨碍在规定期限内执行罚金刑的，将执行该监禁刑。该可替代适用的刑罚和其被判处的监禁刑的总和不能超过第117条第1款规定的减轻的法定刑幅度。

3. 在对未成年犯罪人适用罚金的决定生效之后，在获得该未成年犯罪人的同意后，法院可以决定以在考验计划中从事公益活动的方式替代其全部或者剩余部分的罚金。

第115条　罚金的缓刑

1. 如果具有下列条件之一的，法院可以附条件暂缓执行罚金刑：

a）依据未成年犯罪人的人身（尤其是其以往的生活方式、生活和工作环境）和所实施犯罪的性质，有合理根据地认为不实际执行刑罚也能实现刑罚的目的的；或者

b）法院接受行为人的矫正保证并且基于对提供保证人的教育影响认为不实际执行刑罚也能实现刑罚的目的的。

2. 对罚金给予缓刑不影响与罚金并处的其他刑罚的实际执行，但法院对之作出了其他决定的除外。

第116条　考验期间

1. 在附条件暂缓执行罚金时，法院应当在3年以下的幅度内确定考验期，同时，法院还可以对未成年犯罪人适用第51条第3款和第4款规定的禁令和义务以促使其以正常的方式生活；考验期从判决最终确定之日起计算。

2. 被缓刑人以正常的方式生活的那部分考验期间，在对同一犯罪所判处的罚金确定新的缓刑考验期间或者对与该罚金相关的并罚的刑罚或者共同的刑罚确定缓刑考验期间时，应当计算在内。

3. 在决定未成年犯罪人是否已经以其行为表现证明自己时，相应地适用关于监禁缓刑的规定。

第 117 条 监禁

1. 在对未成年犯罪人适用监禁刑时，本法典规定的监禁期间应当减轻 1/2；被减轻后的监禁刑的最高刑不得超过 7 年，最低刑不得超过 2 年。

2. 只有基于案件的情节、未成年犯罪人的人格或者此前对其所适用的处分，认为适用其他刑罚明显地不足以实现本法典的刑罚目的的，法院才可以对未成年犯罪人适用实际执行的监禁。

3. 在未成年犯罪人实施特别严重的重罪并且因为行为的实施方法卑劣、动机卑劣或者后果严重且无法挽回而社会危害程度极其严重的案件中，如果认为第 1 款所指的刑罚不足以实现刑罚目的的，法院可以对之适用 7 年以上 15 年以下监禁。

4. 对不满 18 周岁的未成年犯罪人适用的监禁，应当在未成年行刑机构中执行。

5. 法院可以决定未成年犯罪人在年满 18 周岁以后继续在未成年行刑机构中服监禁刑；法院应当同时考虑监禁刑期的长度和未成年犯罪人破坏性的程度和性质。

第 118 条 监禁的特别减轻

1. 如果法院确定未成年犯罪人符合第 39 条第 1 款或者第 2 款规定的将监禁刑特别减轻到法定最低刑以下的条件的，不受第 39 条第 3 款规定的禁止的约束。

2. 在未成年犯罪人实施本法典规定了终身监禁的犯罪的案件中，不能适用第 1 款的规定。

第 119 条 监禁的缓刑和交付保护观察的监禁缓刑

1. 如果法院对未成年犯罪人判处的监禁予以缓刑或者交付保护观察的缓刑的，应当在 1 年以上 3 年以下的幅度内确定考验期。

2. 未成年犯罪人在考验期内实施了可以导致决定对之实际刑罚的行为时，基于案件的情节和未成年犯罪人的人格，法院可以决定维持缓刑或者交付保护观察的缓刑：并且

a）将该未成年犯罪人交付保护观察，但此前已经适用该措施的除外；

b）在适当的情况下，在不超过 2 年的幅度内延长考验期，但考验期间的上限不得超过 5 年；或者

c）适用第 106 条第 2 款所指的教育处分以促使其以正常的方式生活。

第 120 条　行刑时效

1. 在经历下列期间后，对未成年犯罪人所判处的刑罚不能再被执行：

a）依据第 117 条第 3 款的规定判处的监禁，经过 10 年；或者

b）对其他刑罚，经过 3 年。

2. 对本法典分则第十二编规定的犯罪所判处的刑罚，除支持或者宣传以压制基本权利和自由为宗旨的团体罪（第 421 条和第 422 条），诽谤民族、种族或者信仰罪（第 423 条）和煽动民族、种族、族群仇恨罪（第 424 条）以外，不适用行刑时效。

第 121 条　前科消灭

1. 如果未成年犯罪人所被判处的不超过 1 年监禁被执行完毕或者依据斯洛伐克共和国总统的决定被特赦或者减刑的，从刑罚执行完毕之日或者免除该刑罚或者其剩余部分的决定生效之日起，应当被视为未曾受到有罪判决。

2. 对判处第 1 款所指以外的监禁刑的未成年犯罪人，法院应当在其监禁服刑完毕之后，基于其在行刑机构中的行为表现作

出消灭其前科的决定。如果该刑罚被依据斯洛伐克共和国总统的决定减刑的，法院应当在被减刑后的刑罚被未成年犯罪人服刑完毕之后作出决定。

3. 如果法院宣告被适用监禁缓刑、交付保护观察的监禁缓刑或者假释的未成年犯罪人已经以其行为证明自己的，该未成年犯罪人被视为未曾受过有罪判决。

4. 对被判处罚金的未成年犯罪人，从罚金执行完毕之日或者免除全部或者部分罚金的决定生效之日起，视为未曾受过有罪判决。

5. 对被判处没收物品刑的未成年犯罪人，从该刑罚执行完毕之日起，视为未曾受过有罪判决。

6. 对被判处社区服务或者禁止从事特定活动的未成年犯罪人，从该刑罚执行完毕之日或者免除全部或者部分刑罚的决定生效之日起，视为未曾受过有罪判决。

7. 对被判处驱逐出境的未成年犯罪人，如果适当地执行该判决的，从所判处的刑期届满之日起，视为未曾受过有罪判决。

第五编　术语解释

第一章　一般术语

第 122 条　犯罪行为及其实施方式

1. 行为，也应当包括行为人因为所处的情境和人身状况本来应当实施该行为的不作为。

2. 如果犯罪的实施具有下列情形之一的，视为“犯罪被公然地实施”：

a）以印刷品或者可散布的书面材料的内容、电影、无线电广播、电视、计算机网络或者具有类似效力的其他手段实施犯罪的；或者

b）在至少 3 个人同时在场的情况下实施犯罪的。

3. 使用武器实施犯罪，是指正犯使用或者在正犯明知的情况下由某一共犯人使用武器用于实施攻击、战胜或者压制反抗或者为这些目的而携带武器；除非刑法分则另有规定。武器是指能够增强对人身攻击之侵害性的任何物品。如果行为人意图欺骗他人使之信以为真，使用或者携带仿真武器实施犯罪的，也应当视为使用武器实施犯罪。

4. 破门入室实施犯罪，是指犯罪人以对锁实施未经授权的强力、强行越过各种安全装置或者欺骗手段进入封闭空间。

5. 在住所内实施犯罪，是指在他人的房屋、公寓或者用于居住目的的其他建筑物（包括属于该住所封闭组成部分的附属建筑物和土地）内实施犯罪。

6. 以欺诈方式实施犯罪，是指以使他人陷入认识错误或者诡计实施犯罪。

7. 使用暴力实施犯罪，是指以针对他人身体完整性使用身体暴力的手段实施犯罪，或者针对行为人以欺诈手段使之陷入无助状态的他人实施犯罪，或者以针对他人的物品使用暴力的手段实施犯罪。

8. 使用强迫手段实施犯罪，是指以针对他人使用心理强制的方式实施犯罪。

9. 反复地实施犯罪，是指行为人多次地实施彼此之间没有客观联系或者主观联系的独立行为，先后实施数个同种犯罪，并且数个犯罪应当分别追究刑事责任的。

10. 连续地实施犯罪，是指行为人连续地实施同一犯罪。如果同一行为人所实施的各次行为基于其实施时间、实施方法和行为对象在客观上相关联，并且在主观上也相关联（尤其是行为人基于概括的意图实施这些犯罪行为）的，各次实施的全部行为应当视为一罪追究刑事责任；但对其中实施于斯洛伐克共和国领域外的某次行为，不适用本规定。

11. 累积犯，是指以一系列独立的行为实施犯罪，但各个独立的行为并足以构成犯罪。应当对所有的这些行为累积追究刑事责任。

12. 犯罪的持续，是指犯罪行为和不法状态同时或者只是不法状态持续存在。

13．如果被告人继续实施即将被起诉的行为直至被起诉之后的，在被起诉之后实施的此种行为应当被视为新的犯罪；本规定不适用于第 207 条规定的对不履行法定供养义务罪。在此种情况下，对视为新罪的追诉应当暂停直至一审法院作出判决或者直至二审法院的闭门评议决定撤销该判决。

第 123 条　健康损害

1．本法典所指的健康损害，是指对他人健康所造成的任何损害。

2．本法典所指的伤害，是指对他人导致的客观上需要医学检查、观察或者治疗并且在短期内妨碍被害人惯常的生活方式的健康损害。

3．本法典所指的重伤，是指下列严重身体伤害或者严重疾病：

a）肢体残缺；

b）劳动能力丧失或者严重受损；

c）某一肢体瘫痪；

d）感觉器官功能丧失或者严重受损；

e）重要器官受损；

f）毁容；

g）导致堕胎或者胎儿死亡；

h）使人极度痛苦的折磨；或者

i）较长期间的健康损害。

4．本法典所指的较长时间的健康损害，是指客观上需要医学治疗并且致使被害人在不少于 42 日的期间内无法工作，严重妨碍其惯常的生活方式的健康损害。

损失

第 124 条

1. 本法典所指的损失，是指被害人的财产损害、财产实际损失、权利损害以及其他损害；无论是针对物还是权利造成该损害，都必须与犯罪之间有因果关系。本法典所指的损失，也包括获得与犯罪存在因果关系的利益。

2. 第 1 款所指的损失也应当包括，基于情境和被害人的个人状况，被害人本来有资格获得或者可以合理地期待获得的利益的损失。

3. 在危害环境罪中，损失是指整体环境的损害和财产损失；财产损失还应当包括将环境恢复原状的费用。在第 302 条规定的非法处置废物罪中，犯罪规模应当以收集、运输、出口、进口、回收、处理、倾倒废物之时行为地通常的收费价格和将其从非预定倾倒地点移除的收费价格为基准确定。

第 125 条

1. 损失较小，是指损失数额超过 266 欧元；损失较大，是指至少超过上述数额的 10 倍；损失巨大，是指至少超过上述数额的 100 倍；损失特别巨大，是指至少超过上述数额的 500 倍。这一标准也适用于确定利益数额、物品价值和犯罪的规模。

2. 在本法典分则中将造成财产损失后果规定为犯罪基本构成要件但没有规定其数额的犯罪中，该损失应当被理解为至少损失数额较小。

第 126 条

1. 在确定财物的损失数额时，应当以受损害的财物在犯罪时和犯罪地被出售的通常价格为依据。如果不能按照该规定确定损失数额的，以获取相同或者类似的财物或者将该财物恢复原状所产生的合理费用为依据。

2. 对于环境损害、受保护动植物物种、制品、树种的损害、作为纪念物予以保护的物品或者具有历史、艺术、科学价值的物品的损失，其损害程度或者损失数额的确定还应当考虑法律或者基于法律颁布的具有普适效力的其他条例有关这些物品价值的规定。

3. 在损失数额或者损害程度不能适用第1款或者第2款所指的规定确定，或者对据此确定的损失数额或者损害程度的准确性存在质疑的有力理由的情况下，应当根据专业意见或者以保证提供损失或者损害之客观评估结论对职责或者业务范围的法人所提供的证明进行评估；在其他情况下，损失数额应当基于鉴定结论进行确定。

人

第127条

1. 本法典所指的未成年人，是指不满18周岁的人。

2. 年龄接近未成年人的人，是指已满18周岁不满21周岁的人。

3. 本法典所指的老年人，是指已满60周岁的人。

4. 本法典所指的关系密切人，是指直系血亲、养父母、养子女、兄弟姐妹和配偶；对存在家庭关系或者类似关系的其他人，如果可以有合理根据认定只要其中一方受到伤害另外一方似乎就会感觉到像是自己受到伤害的，也可以视为密切关系人。

5. 对胁迫罪（第189条）、强奸罪（第199条第2款）、性暴行罪（第200条第2款）、性侵害罪（第201条第2款）、虐待关系密切人或者被托付人罪（第208条）、严重胁迫罪（第360条第2款）而言，关系密切人是指前配偶、同居者、前同居者、生父母、与之有关的作为第 4 款所指的关系密切人的人以及生活或者曾经生活在同一家庭的人。

6. 本法典所指的病人，是指在犯罪实施时患有（即使是暂时患病也不例外）生理或者心理疾病的人（无论其是否暂时无法劳动）、劳动能力受损的人、丧失劳动能力的人、严重残疾的人，如果上述疾病或者残疾程度与重伤相当时。

7. 本法典所指的无助者，是指因为年龄、健康状况、犯罪情节、犯罪人的个人情况而没有机会有效地保护自身免受犯罪人侵害的人。

8. 本法典所指的被委托照料或者监督者，是指因为其年龄、健康状况或者其他原因，根据法院或者其他国家机关基于合同所作出的决定被委托给他人，由他人在自己的家庭中、为此目的所确定的机构中或者其他地点进行监督、照料、供养、抚养的人。

9. 本法典所指的依赖者，是指因为其供养、教育、物质或者其他开支、照料而依靠犯罪人的人。

10. 本法典所指的成瘾者，是指对致瘾物质或者致瘾有害活动存在依赖性的人。

11. 本法典所指的隶属者，是指因为其职位、工作任务、职权、衔级隶属于犯罪人的地位，而在工作、业务或者其他方面有义务接受和执行犯罪人的指示、命令、指令的人。

12. 本法典所指的数人，是指不少于 3 人。

第 128 条

1. 本法典所指的公务员，是指斯洛伐克共和国总统、斯洛伐克共和国国民议会议员、欧洲议会议员、内阁成员、斯洛伐克共和国宪法法院法官、法官、检察官或者在公共权力机关中任职的其他人、武装部队成员、与武装部队存在服务关系的人、市长、地区自治机关的首脑、国家行政机关的公务员和雇员、地方机关的公务员和雇员、地区自治机关的公务员和雇员、其他国家机关的公务员和雇员、在公共管理事务中具有法定决定权力的法律实体中行使权力的人、公证人、法院执行人、森林守护人员、水上守护人员、渔业守护人员、狩猎守护人员、自然守护人员或者被授权以自然守护人身份行事的人员，如果当上述人员从事社会或者国家事务而正在行使因为履行所负义务所被授予的权力之的。本法典关于公务员刑事责任和对公务员进行保护的规定，要求该犯罪的实施必须与公务员的权利和义务的履行有关。公务员还应当包括斯洛伐克共和国承认的国际司法机关的法官和官员以及在其他国家的刑事司法机构、欧盟机构或者欧盟成员国共同设立的机构中的官员或者其他负责人员，如果这些人员在斯洛伐克共和国为这些国家或者机构履行刑事诉讼职责的；他们只有按照有效力的国际条约或者斯洛伐克共和国当局的许可履行刑事诉讼职责的，才有资格受到本法典规定的保护。

2. 本法典所指的外国公务员，是指在下列机构中任职的人，如果其履行职责与公共事务权力有关并且犯罪的实施与该权力有关的：

a）外国的立法机关、司法机关或者公共行政机关，包括国家首脑；或者

b）对外国国家或者由国家或者其他国际公法主体设立的国际组织发挥决定性影响的法律实体。

3. 本法典所指的军人，是指：

a）服兵役的人；

b）派驻斯洛伐克共和国并且在本国领域内实施国际条约范围内的犯罪的外国军队成员；

c）警察部队、监狱和法庭警卫部队、国家安全署、斯洛伐克情报局的成员和税收人员；

d）战俘。

4．本法典所指的军事服务或者军事义务，是指在战时或者作战状态下由第3款b项所指的人专门从事的服务或者履行的义务。

5．本法典所指的因为类似行为受过制裁的人，是指曾经因为类似行为被判处刑罚，或者曾经因为类似的违警行为或者其他违法行为受过处分的人。如果所被适用的刑罚或者其他处分已经消灭的，不应当适用该规定。

6．本法典所指的罪犯，是指被生效判决宣告有罪的行为人。这不适用于有罪前科已经消灭的人。

7．本法典所指的被处刑人，是指对法院所判处的刑罚已经全部或者部分予以服刑的人。这不适用于有罪前科已经消灭的人。

8．如果本法典将行为人具有特定的特征、能力、地位规定为犯罪构成要件的，只有具备这些特征、能力、地位的人才能够成为其正犯或者共同正犯。但是，这些犯罪的共犯不要求具有所规定的这些特征、能力和地位。如果本法典将行为人具有特定的特征、能力和地位规定为犯罪构成要件的，对于代表法人行事的行为人而言，只要其具有这些特征、能力和地位，即刻视为充足该要件。

9．只有军人才能成为本法典分则第十一编规定的军职犯罪的正犯和共同正犯。

第129条　一群人和有组织团伙

1．本法典所指的一群人，是指不少于3人的人群。

2．本法典所指的有组织团伙，是指 3 人以上以实施犯罪为宗旨而组成的，在不同成员之间存在特定的任务分工使其活动具有得以增大犯罪实施成功概率的计划性和统筹性的团体。

3．本法典所指的极端主义集团，是指 3 人以上以实施极端主义犯罪为宗旨而建立的组织。

4．本法典所指的犯罪集团，是指 3 人以上意图直接或者间接地获取经济利益而组成的，以实施一种或者多种重罪、第 233 条规定的合法化犯罪所得罪或者本法典分则第八编第三章所指的任何腐败犯罪为宗旨的，在一定期间内存在的，以协同方式行为的有组织的犯罪团体。

5．本法典所指的恐怖主义集团，是指 3 人以上组成的，在一定期间内存在的，以实施恐怖活动罪或者恐怖主义犯罪为宗旨的有组织团体。

6．本法典所指的犯罪集团或者恐怖主义集团的犯罪活动，是指故意地参加这些集团或者服务于下列目的的其他故意行为：

a）维持这些集团的存在；或者

b）由这些集团实施第 3 款或者第 4 款所指的犯罪。

7．本法典所指的支持犯罪集团或者恐怖主义集团，是指以出于下列目的，故意地提供资金或者其他资源、服务、合作或者创造其他条件的行为：

a）维持这些集团的存在；或者

b）由这些集团实施第 3 款或者第 4 款所指的犯罪。

物品

第 130 条

1．本法典所指的财物，是指：

a）动产或者不动产、住所或者非居住建筑物、动物，但本法典另有规定的除外；

b）可控制的自然力或者能源；或者

c）各种形式的证券。

2. 保存于技术介质上的无形信息、计算机技术数据或者影像记录，也应当视为财物。

3. 本法典所指的受委托财物，是指犯罪人依据合同被授权使用或者为了履行财物所有人所指示的特定任务而占有的，有义务只能用于约定用途或者有义务按照约定条件归还所有人的归他人所有的财物。

4. 本法典所指的对财物的非法占有，是指在未获得同意并且出于作为己有进行处分的目的的情况下，剥夺合法占有财物的所有人或者其他人对该财物的处分权。

5. 本法典所指的致瘾物质，是指酒精、麻醉药品、精神药品或者能够对人的心理状态、认知能力、控制能力或者社会行为产生有害影响的其他物质。

6. 本法典所指的公共交通工具，是指至少能够运送 9 人以上的物品。

第 131 条

1. 本法典所指的公益物品，是指超出个人权利和个人利益的范围并且对社会具有重要意义的物品。

2. 本法典所指的处置废物，是指收集、运输、出口、进口、回收、处理、倾倒废物。

3. 本法典所指的贿赂，是指没有合法权利的财产、财产交易或者非财产性质的其他交易。

4. 本法典所指的公文，是指国家机关或者其他公共权力机关在其权力范围内依法签发的，产生、变更、消灭权利或者义务，或者证明权利或者义务的产生、变更、消灭，或者证明人或物的身份、地位、特征、能力或者证明依法保护的利益的文书。

第 132 条　卖淫和淫秽物品

1. 本法典所指的卖淫，是指以性交、各种方式的性接触或者类似于性接触的其他行为满足他人的性需求的方式获取报酬。

2. 本法典所指的淫秽物品，是指露骨地描绘性交、各种方式的性接触、类似于性接触的其他行为或者裸露的人体性器官，意图满足他人性欲的物品。

3. 本法典所指的儿童淫秽物品，是指露骨地描绘与儿童进行性交、各种方式的性接触、类似于性接触的其他行为或者裸露的儿童身体的某一部分，意图满足他人性欲的物品。

第 133 条　外国势力和外国代理人

1. 本法典所指的外国势力，是指由其组织和机关（尤其是从事情报活动的人员、军官、外交官或者其他公务员）代表的外国及其军队或者其他团体。

2. 本法典所指的外国代理人，是指虽然不是外国的机关或者代表人，但因其政治、经济、社会地位而在其国家或者国际关系中有重要影响的自然人或者法人。

第 134 条　宪政制度和危机状态

1. 本法典所指的宪政制度，是指依据斯洛伐克共和国宪法的规定，通过政府机关、地方自治政府机关、政党、政治运动的适当组织和运作，保障基本权利和自由的民主制度。

2. 本法典所指的危及状态是指：

a）危难状态；

b）紧急状态；

c）战争状态；或者

d）作战状态。

第 135 条 为自用持有毒品

1. 为自用持有麻醉药品、精神药品、毒品或者前体物质，是指非法持有（持续任何期间）不超过通常单次剂量 3 倍数量的麻醉药品、精神药品、毒品或者前体物质，以供自用。

2. 规模较大地为自用持有麻醉药品、精神药品、毒品或者前体物质，是指非法持有（持续任何期间）不超过通常单次剂量 10 倍数量的麻醉药品、精神药品、毒品或者前体物质，以供自用。

第 136 条 期间计算

本法典规定引起特定效力的期间届满，不应当将导致期间开始的法律事实发生之日计算在内。

第 137 条 擅离职守

1. 如果具有下列情形之一的，应当视为擅离职守：

a）在未获得许可的情况下离开其单位或者被指定的工作地点；

b）在可以正当地离开（尤其是与被派遣、调动、出差旅行、休假有关的离开）的合理期间届满之后，不向其单位或者指定履行义务的地点报到的；

c）在作战行动中脱离其单位并且在脱离的原因停止存在之后不返回其单位或者其他军事单位的；或者

d）从敌人的囚禁中返回或者被释放之后不向军事单位报到的。

2. 如果期间不满 48 小时的擅离职守不少于 3 次，并且第 1 次和第 3 次之间的间隔不超过 3 个月的，应当视为反实施擅离职守罪。

3. 第1款所指的擅离职守，只能适用于履行法定军事服务的人。

第二章　特别术语

第138条　以更严重的方式实施行为

以更严重的方式实施行为，是指以下列方式实施犯罪：

a）使用武器实施犯罪，但谋杀罪（第144条）、杀人罪（第145条）、故意伤害致死罪（第147条和第148条）、过失致人死亡罪（第149条）和伤害罪（第155条、第156条和第157条）除外；

b）长时间实施犯罪的；

c）以残忍或者使人极度痛苦的方式实施犯罪的；

d）使用暴力、威胁使用暴力或者威胁造成其他严重损害的方式实施犯罪的；

e）以破门入室的方式实施犯罪的；

f）以欺诈手段实施犯罪的；

g）利用他人的无助、经验缺乏、依赖性或者隶属性实施犯罪的；

h）以违背法律规定或者与其工作、职位、职权有关的重要义务的方式实施犯罪的；

i）以有组织团伙的方式实施犯罪的；或者

j）针对数人实施犯罪的。

第139条 受保护人

1. 受保护人是指：

a）未成年人；

b）孕妇；

c）关系密切人；

d）受扶养人；

e）老年人；

f）病人；

g）依据国际条约享受特别保护的人；

h）公务员或者履行法定义务的人；或者

i）证人、鉴定人、口译人或者笔译人。

2. 如果犯罪的实施与被保护人的地位、状态或者年龄无关的，不应当适用第1款的规定。

第140条 特别的动机

特别的动机，是指犯罪基于下列动机实施：

a）雇用；

b）报复；

c）意图掩饰其他犯罪或者便利其他犯罪的实施；

d）因为民族、族群、种族仇恨或者基于肤色所致的仇恨；或者

e）出于性动机。

第141条 危险集团

危险集团是指：

a）犯罪集团；或者

b）恐怖主义集团。

第 142 条　重伤或者死亡

1. 重伤，是指对他人的健康造成第 123 条第 3 款所指的伤害。

2. 死亡，是指大脑的生理死亡（脑死亡）。

第 143 条　数人死亡

数人死亡，是指导致至少 3 人以上死亡。

第二卷 分 则

第一编 侵害生命和健康罪

第一章 侵害生命罪

第 144 条 谋杀罪

1. 有预谋地故意杀害他人的，处 20 年以上 25 年以下监禁。

2. 如果在实施第 1 款所指的犯罪时具有下列情形之一的，处 25 年监禁或者终身监禁：

a）曾经因为杀人罪被判决有罪的；

b）针对两人实施的；

c）以更严重的方式实施的；

d）针对受保护人实施的；

e）基于特别的动机实施的；或者

f）以获取财产利益为目的的。

3. 如果在实施第 1 款所指的犯罪时具有下列情形之一的，

处终身监禁：

a）曾经因为谋杀罪被判决有罪的；

b）以危险集团的形式实施的；或者

c）在危机状态下实施的。

第145条　杀人罪

1. 故意地杀害他人的，处15年以上20年以下监禁。

2. 如果在实施第1款所指的犯罪时具有下列情形之一的，处25年监禁或者终身监禁：

a）针对两人实施的；

b）以更严重的方式实施的；

c）针对受保护人实施的；

d）基于特别的动机实施的；或者

e）以获取财产利益为目的的。

3. 如果在实施第1款所指的犯罪时具有下列情形之一的，处25年监禁或者终身监禁：

a）曾经因为杀人罪或者谋杀罪被判决有罪的；

b）以危险集团的形式实施的；或者

c）在危机状态下实施的。

第146条　杀婴罪

母亲因为分娩所导致的刺激在分娩时或者分娩之后的即刻期间内故意地杀死其婴儿的，处4年以上8年以下监禁。

故意伤害致死罪

第147条

1. 意图导致他人重伤的行为过失导致他人死亡的，处7年以上10年以下监禁。

2. 如果在实施第1款所指的犯罪时具有下列情形之一的，

处9年以上12年以下监禁：

a）针对受保护人实施的；或者

b）基于特别的动机实施的。

3. 如果在实施第1款所指的犯罪时具有下列情形之一的，处12年以上15年以下监禁：

a）以更严重的方式实施的；

b）作为危险集团的成员实施的；或者

c）在危机状态下实施的。

第148条

1. 意图导致他人伤害的行为过失导致他人死亡的，处3年以上8年以下监禁。

2. 如果在实施第1款所指的犯罪时具有下列情形之一的，处5年以上10年以下监禁：

a）针对受保护人实施的；或者

b）基于特别的动机实施的。

3. 如果在实施第1款所指的犯罪时具有下列情形之一的，处7年以上12年以下监禁：

a）以更严重的方式实施的；

b）作为危险集团的成员实施的；或者

c）在危机状态下实施的。

第149条 过失致人死亡罪

1. 过失地导致他人死亡的，处3年以下监禁。

2. 如果在实施第1款所指的犯罪时具有下列情形之一的，处2年以上5年以下监禁：

a）以更严重的方式实施的；或者

b）针对受保护人实施的。

3. 如果以严重过失违反有关职业安全、交通安全或者公共卫生法律的方式针对数人实施第 1 款所指的犯罪的，处 4 年以上 10 年以下监禁。

4. 在与其工作、职业、职位、职责相关的情况下或者作为交通工具驾驶者，在自己因致瘾物质所致的无力从事这些活动的条件下过失导致他人死亡的，处以第 3 款所规定的刑罚。

5. 如果因为实施第 4 款所指的行为过失导致两人或者两人以上死亡的，处 7 年以上 12 年以下监禁。

非法堕胎罪

第 150 条

1. 在未获得孕妇同意的情况下为其堕胎的，处 3 年以上 8 年以下监禁。

2. 如果在实施第 1 款所指的犯罪时具有下列情形之一的，处 4 年以上 10 年以下监禁：

a）以更严重的方式实施的；或者

b）针对受保护人实施的。

3. 如果因为实施第 1 款所指的犯罪导致孕妇重伤或者死亡的，处 8 年以上 15 年以下监禁。

第 151 条

1. 在获得孕妇同意的情况下，以违反具有普适效力的有关堕胎的条例的方法或者规定的条件为其堕胎的，处 2 年以上 5 年以下监禁。

2. 如果在实施第 1 款所指的犯罪时具有下列情形之一的，处 3 年以上 8 年以下监禁：

a）因为其实施导致他人重伤或者死亡的；

b）在未获得法定监护人或者受委托对其进行照料或者监督

的人同意的情况下对未成年孕妇实施的；

c）因此获得数额较大的利益的；或者

d）以更严重的方式实施的。

第 152 条

1．引诱孕妇实施下列行为的，处 1 年以下监禁：

a）自己堕胎的；或者

b）请求他人或者允许他人以违反具有普适效力的有关堕胎的条例的方法或者规定的条件为其堕胎的。

2．帮助孕妇自己堕胎，或者帮助孕妇请求他人或者允许他人以违反具有普适效力的有关堕胎的条例的方法或者规定的条件为其堕胎的，处以第 1 款所规定的刑罚。

3．如果实施第 1 款或者第 2 款所指的犯罪具有下列情形之一的，处 2 年以上 5 年以下监禁：

a）以更严重的方式实施的；或者

b）针对受保护人实施的。

4．如果因为实施第 1 款所指的犯罪造成他人重伤或者死亡的，处 3 年以上 8 年以下监禁。

第 153 条

孕妇自己堕胎或者请求、准许他人为自己堕胎的，不构成上述犯罪，也不能按照教唆犯和帮助犯的规定追究刑事责任。

第 154 条　参与自杀罪

1．教唆或者帮助他人自杀，并且至少导致他人自杀未遂的，处 6 个月以上 3 年以下监禁。

2．如果实施第 1 款所指的犯罪具有下列情形之一的，处 3 年以上 8 年以下监禁：

a）以更严重的方式实施的；

b）针对受保护人实施的；或者

c）基于特别的动机实施的。

第二章　伤害健康罪

伤害罪

第 155 条

1. 故意地导致他人重伤的，处 4 年以上 10 年以下监禁。

2. 如果在实施第 1 款所指的犯罪时具有下列情形之一的，处 5 年以上 12 年以下监禁：

a）以更严重的方式实施的；

b）针对受保护人实施的；或者

c）基于特别的动机实施的。

3. 如果在实施第 1 款所指的犯罪时具有下列情形之一的，处 10 年以上 15 年以下监禁：

a）作为危险集团的成员实施的；或者

b）在危机状态下实施的。

第 156 条

1. 故意地导致他人伤害的，处 4 个月以上 2 年以下监禁。

2. 如果在实施第 1 款所指的犯罪时具有下列情形之一的，处 1 年以上 3 年以下监禁：

a）针对受保护人实施的；或者

b）基于特别的动机实施的。

3. 如果在实施第 1 款所指的犯罪时具有下列情形之一的，处 2 年以上 5 年以下监禁：

a）以更严重的方式实施的；或者

b）在危机状态下实施的。

第 157 条

1. 过失地造成他人重伤的，处 6 个月以上 2 年以下监禁。

2. 如果在实施第 1 款所指的犯罪时具有下列情形之一的，处 1 年以上 5 年以下监禁：

a）以更严重的方式实施的；或者

b）针对受保护人实施的。

第 158 条

因为违背基于其工作、职业、职位、职权所产生的或者法律所赋予的重要义务而过失地导致他人伤害的，处 1 年以下监禁。

非法摘除器官、组织、细胞罪和非法绝育罪

第 159 条

1. 不正当地从活人身上摘除器官、组织、细胞，或者不正当地为自己或者他人获取这些器官、组织、细胞的，处 2 年以上 8 年以下监禁。

2. 非法地对自然人实施绝育的，处以第 1 款所规定的刑罚。

3. 如果实施第 1 款或者第 2 款所指的犯罪具有下列情形之一的，处 7 年以上 12 年以下监禁：

a）以更严重的方式实施的；

b）基于特别的动机实施的；或者

c）作为危险集团的成员实施的。

4. 如果因为实施第 1 款或者第 2 款所指的犯罪造成他人重伤或者死亡的，处 10 年以上 15 年以下监禁。

第 160 条

1. 不正当地为自己或者他人获取来自于尸体的器官、组织、细胞的，处 6 个月以上 3 年以下监禁。

2. 如果在实施第 1 款所指的犯罪时具有下列情形之一的，处 1 年以上 5 年以下监禁：

a）以更严重的方式实施的；

b）基于特别的动机实施的。

3. 如果作为危险集团的成员实施第 1 款所指的犯罪的，处 3 年以上 8 年以下监禁。

第三章　威胁生命或者健康罪

第 161 条　非法进行人体试验或者人类克隆罪

1. 以获取新的医疗知识、开发新的治疗方法或者证明理论假设为借口，或者以实施药物临床试验为目的，在未获得授权的情况下，实施验证性的医学研究发现并且具有下列情形之一的：

a）在并非为了挽救面临生命危险的人的生命而绝对必要的情况下，无视其行为对人的生命或者健康构成直接威胁的事实；或者

b）在缺乏医学指征并且未获得相关人员同意的情况下实施，或者在无医学指征的情况下对禁止进行试验的人实施，对人类胎儿或者胚胎实施，或者违反有关在缺乏医学指征的情况下进行试验的其他法定条件而实施，处 1 年以上 5 年以下监禁。

2. 如果实施意图创造与任何发育阶段的他人（包括其活体或者死体）基因相同的人的任何干预活动的，处3年以上8年以下监禁。

3. 如果实施第1款或者第2款所指的犯罪具有下列情形之一的，处5年以上12年以下监禁：

a）以更严重的方式实施的；

b）针对受保护人实施的；或者

c）通过实施第1款或者第2款所指的犯罪为自己或者他人获得数额较大的利益的。

4. 如果因为实施第1款所指的犯罪造成他人重伤或者死亡的，处8年以上15年以下监禁。

第162条　危害健康罪

1. 缺乏医疗专业人员或者其他医疗雇员资质的人，实施医疗程序，并且通过不专业的检查、治疗行为或者针对药品、药剂或其他医疗援助作出不适当的指示导致下列情形之一的，处6个月以上3年以下监禁：

a）对他人的生命造成迫近的危险的；

b）对他人造成身体伤害的；或者

c）在未获得他人同意的情况下实施检查或者医疗程序，或者针对药品、药剂或者其他医疗援助作出不适当的指示，危及他人健康的。

2. 如果在实施第1款所指的犯罪时具有下列情形之一的，处1年以上5年以下监禁：

a）以更严重的方式实施的；或者

b）针对受保护人实施的。

3. 如果因为实施第1款所指的犯罪造成他人重伤或者死亡

的，处3年以上8年以下监禁。

传播危险的人类传染病罪

第163条

1. 故意地引发或者增大人类危险传染病传入或者传播危险的，处1年以上5年以下监禁。

2. 如果以更严重的方式实施第1款所指的犯罪的，处3年以上8年以下监禁。

3. 如果在实施第1款所指的犯罪时具有下列情形之一的，处4年以上10年以下监禁：

a）因为其实施导致他人重伤或者死亡的；或者

b）在危机状态下实施的。

第164条

1. 过失地引发或者增大人类危险传染病传入或者传播的危险的，处3年以下监禁。

2. 如果在实施第1款所指的犯罪时具有下列情形之一的，处1年以上5年以下监禁：

a）以更严重的方式实施的；或者

b）因为其实施导致他人重伤或者死亡的。

使他人遭受艾滋病危险罪

第165条

1. 故意地使他人面临感染艾滋病危险的，处3年以上10年以下监禁。

2. 如果在实施第1款所指的犯罪时具有下列情形之一的，处7年以上12年以下监禁：

a）以更严重的方式实施的；或者

b）针对受保护人实施的。

3．如果因为实施第 1 款所指的犯罪造成他人重伤或者死亡的，处 10 年以上 15 年以下监禁。

第 166 条

1．过失地使他人面临感染艾滋病的危险的，处 1 年以上 5 年以下监禁。

2．如果在实施第 1 款所指的犯罪时具有下列情形之一的，处 3 年以上 8 年以下监禁：

a）因为其实施导致他人重伤或者死亡的；

b）以更严重的方式实施的；或者

c）针对受保护人实施的。

3．如果因为实施第 1 款所指的犯罪造成他人重伤或者死亡的，处 4 年以上 10 年以下监禁。

第 167 条　使他人遭受性病危险罪

1．使他人面临感染性病的危险（即使出于过失也不例外）的，处 3 年以下监禁。

2．如果针对受保护人实施第 1 款所指的犯罪的，处 1 年以上 5 年以下监禁。

3．如果因为实施第 1 款所指的犯罪造成他人重伤的，处 3 年以上 8 年以下监禁。

以变质食品或者其他物品危害健康罪

第 168 条

1．故意地出售、为出售而制造、为自己或者他人获取其摄入或者通常使用有害于人体健康的不卫生的食品或者其他物品的，处 2 年以下监禁。

2．如果以更严重的方式实施第 1 款所指的犯罪的，处 1 年以上 5 年以下监禁。

3. 如果在实施第 1 款所指的犯罪时具有下列情形之一的，处 3 年以上 8 年以下监禁：

a）因为其实施导致他人重伤或者死亡的；或者

b）在危机状态下实施的。

第 169 条

1. 过失地出售、为出售而制造、为自己或者他人获取其摄入或者通常使用有害于人体健康的不卫生的食品或者其他物品的，处 1 年以下监禁。

2. 如果以更严重的方式实施第 1 款所指的犯罪的，处 6 个月以上 3 年以下监禁。

3. 如果在实施第 1 款所指的犯罪时具有下列情形之一的，处 2 年以上 5 年以下监禁：

a）因为其实施导致他人重伤或者死亡的；或者

b）在危机状态下实施的。

第 170 条　使用未经审批的药品、医疗设备和医疗必需品危害健康罪

1. 在提供医疗服务时，以下列手段引起或者增大（即使出于过失也不例外）人体健康损害危险的，处 2 年以下监禁：

a）处方、配发、出售、施用未列入药典的药品、未依据专门法规注册或者未经主管机关批准使用的药剂或者违反具有普适效力的条例上市的医疗设备的；

b）违背具有普适效力的条例进行药物、药剂或者医疗设备的临床试验；或者

c）在未经许可的情况下交易药品或者医疗设备。

2. 如果在实施第 1 款所指的犯罪时具有下列情形之一的，处 1 年以上 5 年以下监禁：

a）以更严重的方式实施的；

b）针对受保护人实施的；或者

c）基于特别的动机实施的。

3. 如果因为实施第 1 款所指的犯罪造成他人重伤或者死亡的，处 3 年以上 8 年以下监禁。

非法制造、持有、交易麻醉药品、精神药品、毒品或者前体物质罪

第 171 条

1. 非法地持有麻醉药品、精神药品、毒品或者前体物质供自用的，处 3 年以下监禁。

2. 如果非法地持有麻醉药品、精神药品、毒品或者前体物质供自用，规模较大的，处 5 年以下监禁。

第 172 条

1. 在未获得合法授权的情况下：

a）制造；

b）进口、出口、运送或者使之被运送；或者

d）持有（持续任何期间）麻醉药品、精神药品、毒品或者前体物质，或者经纪这些活动的，处 4 年以上 10 年以下监禁。

2. 如果在实施第 1 款所指的犯罪时具有下列情形之一的，处 10 年以上 15 年以下监禁：

a）曾经因为本罪被判决有罪的；

b）针对正在接受戒毒治疗的人实施的；

c）以更严重的方式实施的；

d）针对受保护人实施的；

e）规模较大地实施的。

3. 如果在实施第 1 款所指的犯罪时具有下列情形之一的，

处15年以上20年以下监禁：

a）因为其实施导致他人重伤或者死亡的；

b）针对或者利用不满15周岁的人实施的；或者

c）规模巨大地实施的。

4. 如果在实施第1款所指的犯罪时具有下列情形之一的，处20年以上25年以下监禁或者终身监禁：

a）因为其实施导致数人重伤或者死亡的；

b）作为危险集团的成员实施的；或者

c）规模特别巨大地实施的。

第173条

1. 制作、为自己或者他人获取、持有用于非法制作麻醉药品、精神药品、毒品或者前体物质的物品的，处1年以上5年以下监禁。

2. 如果因为实施第1款所指的犯罪为自己或者他人获得数额较大的利益的，处3年以上8年以下监禁。

3. 如果因为实施第1款所指的犯罪为自己或者他人获得数额巨大的利益的，处4年以上10年以下监禁。

4. 如果因为实施第1款所指的犯罪为自己或者他人获得数额特别巨大的利益的，处10年以上15年以下监禁。

第174条　非法宣传致瘾罪

1. 引诱他人滥用除酒精以外的致瘾物质，或者支持他人进行滥用，或者以其他方式教唆或者怂恿滥用致瘾物质的，处1年以上5年以下监禁。

2. 如果在实施第1款所指的犯罪时具有下列情形之一的，处3年以上8年以下监禁：

a）针对受保护人实施的；或者

b）公开地实施的。

第 175 条 向未成年人提供酒精饮料罪

反复地或者数量较大地向不满 18 周岁的人出售或者提供酒精饮料的，处 3 年以下监禁。

第 176 条 非法提供合成类固醇罪

1. 在未获得授权的情况下，出于非治疗目的向不满 18 周岁的人提供合成类固醇或者其他具有合成代谢作用的物质，具有下列情形之一的，处 3 年以下监禁：

a）数量较大的；或者

b）在过去 24 个月内曾经因为本罪被判决有罪或者曾经在过去 12 个月内因为类似犯罪被执行刑罚的。

2. 在未获得授权的情况下，出于与参加有组织体育活动有关的非治疗目的，向他人提供合成类固醇或者其他具有合成代谢作用的物质，具有下列情形之一的，处以与第 1 款规定相同的刑罚：

a）数量较大的；或者

b）在过去 24 个月内曾经因为本罪被判决有罪或者曾经在过去 12 个月内因为类似犯罪被执行刑罚的。

不提供救助罪

第 177 条

1. 在他人面临死亡危险或者显露出健康严重损害症状时，能够在不危及自身或者第三人的条件下提供救助而不提供必要的救助的，处 2 年以下监禁。

2. 在他人面临死亡危险或者显露出健康严重损害症状时，尽管基于其工作有义务提供救助但不提供必要的救助的，处 6 个月以上 3 年以下监禁。

第 178 条

交通工具的驾驶人在其作为当事方的交通事故发生之后，能够在不危及自身或者第三人的条件下向事故伤者提供救助而不提供必要的救助的，处 3 年以下监禁。

第二编 侵犯自由和人的尊严罪

第一章 侵犯自由罪

第 179 条 贩卖人口罪

1. 以使用欺诈活动、诡计、限制人身自由、暴力、暴力威胁、造成其他严重损害或者其他形式的强迫、接受或者提供金钱支付或者其他利益以获取被害人对之存在依赖关系的人的同意、滥用其权力、利用他人的无力防卫或者其他易受侵害状态为手段，怂恿、运送、藏匿、控制、转交、接收他人（甚至其本人同意也不例外），意图使该他人卖淫或者其他形式的性利用（包括淫秽物品）、强制劳动和服务、作为奴隶或者从事类似奴隶的活动、受奴役、摘除器官、组织、细胞或者其他形式的利用的，处 4 年以上 10 年以下监禁。

2. 怂恿、运送、藏匿、控制、转交、接收不满 18 周岁的人（甚至其本人同意也不例外），意图使其卖淫或者其他形式的性利用（包括淫秽物品）、强制劳动和服务、作为奴隶或者从事类似奴隶的活动、受奴役、摘除器官、组织、细胞或者其他形式的利用的，处以与第 1 款规定相同的刑罚。

3. 如果实施第 1 款或者第 2 款所指的犯罪具有下列情形之一的，处 7 年以上 12 年以下监禁：

a）因为其实施为自己或者他人获得数额较大的利益的；

b）针对受保护人实施的；

c）基于特别的动机实施的；或者

d）以更严重的方式实施的。

4. 如果实施第 1 款或者第 2 款所指的犯罪具有下列情形之一的，处 12 年以上 20 年以下监禁：

a）因为其实施为自己或者他人获得数额巨大的利益的；

b）因为其实施造成他人重伤、死亡或者其他特别严重后果的；或者

c）作为危险集团的成员实施的。

5. 如果实施第 1 款或者第 2 款所指的犯罪具有下列情形之一的，处 20 年以上 25 年以下监禁或者终身监禁：

a）因为其实施为自己或者他人获得数额特别巨大的利益的；或者

b）因为其实施造成数人重伤或者死亡的。

贩卖儿童罪

第 180 条

1. 违反具有普适效力的条例将儿童交由他人支配意图收养的，处 3 年以下监禁。

2. 如果在实施第 1 款所指的犯罪时具有下列情形之一的，处 4 年以上 10 年以下监禁：

a）因为其实施为自己或者他人获得数额较大的利益的；或者

b）以更严重的方式实施的。

3. 如果因为实施第1款所指的犯罪造成他人重伤、死亡或者其他特别严重后果的，处10年以上15年以下监禁。

第181条

1. 作为获取报酬的交换，将儿童交由他人支配意图利用该儿童从事劳动或者任何其他目的的，处4年以上10年以下监禁。

2. 如果在实施第1款所指的犯罪时具有下列情形之一的，处7年以上12年以下监禁：

a）因为其实施为自己或者他人获得数额较大的利益的；或者

b）以更严重的方式实施的。

3. 如果在实施第1款所指的犯罪时具有下列情形之一的，处12年以上20年以下监禁：

a）因为其实施造成他人重伤、死亡或者其他特别严重后果的；或者

b）因为其实施为自己或者他人获得数额巨大的利益的。

4. 如果在实施第1款所指的犯罪时具有下列情形之一的，处20年以上25年以下监禁或者终身监禁：

a）因为其实施为自己或者他人获得数额特别巨大的利益的；

b）因为其实施造成数人死亡的；或者

c）作为危险集团的成员实施的。

第182条　剥夺人身自由罪

1. 非法剥夺他人的人身自由的，处4年以上10年以下监禁。

2. 如果在实施第1款所指的犯罪时具有下列情形之一的，处7年以上12年以下监禁：

a）基于特别的动机实施的；

b）针对受保护人实施的；或者

c）以更严重的方式实施的。

3. 如果在实施第 1 款所指的犯罪时具有下列情形之一的，处 10 年以上 15 年以下监禁：

a）因为其实施造成他人重伤或者死亡的；或者

b）因为其实施为自己或者他人获得数额巨大的利益的。

4. 如果在实施第 1 款所指的犯罪时具有下列情形之一的，处 15 年以上 25 年以下监禁或者终身监禁：

a）因为其实施为自己或者他人获得数额特别巨大的利益的；

b）作为危险集团的成员实施的；或者

c）因为其实施造成数人死亡的。

第 183 条　限制人身自由罪

1. 在无合法授权的情况下阻止他人享有人身自由的，处 6 个月以上 3 年以下监禁。

2. 如果在实施第 1 款所指的犯罪时具有下列情形之一的，处 3 年以上 8 年以下监禁：

a）以更严重的方式实施的；

b）基于特别的动机实施的；

c）以公务员身份实施的；

d）针对受保护人实施的；或者

e）因为其实施造成数额较大的损失的。

3. 如果在实施第 1 款所指的犯罪时具有下列情形之一的，处 7 年以上 12 年以下监禁：

a）因为其实施导致他人重伤或者死亡的；或者

b）因为其实施造成数额巨大的损失的。

4. 如果在实施第 1 款所指的犯罪时具有下列情形之一的，

处 12 年以上 25 年以下监禁或者终身监禁：

a）因为其实施造成数人死亡的；

b）因为其实施造成数额特别巨大的损失的；或者

c）作为危险集团的成员实施的。

第 184 条　限制居留自由罪

1. 以欺骗、暴力、威胁使用暴力或者造成其他损害的手段：

a）在无法定授权的情况下强迫他人居留于特定地点的；或者

b）在无法定授权的情况下阻止他人居留于特定地点的，处 6 个月以上 3 年以下监禁。

2. 如果在实施第 1 款所指的犯罪时具有下列情形之一的，处 1 年以上 5 年以下监禁：

a）以更严重的方式实施的；

b）基于特别的动机实施的；或者

c）由公务员实施的。

3. 在无法定授权的情况下强迫他人离开斯洛伐克共和国领域或者阻止他人居留于斯洛伐克共和国领域的，处以与第 2 款规定相同的刑罚。

第 185 条　劫持人质罪

1. 将他人作为人质，以造成人质死亡、伤害或者任何其他损害相威胁，意图强迫第三人做某事、不做某事或者忍受被做某事的，处 4 年以上 10 年以下监禁。

2. 如果在实施第 1 款所指的犯罪时具有下列情形之一的，处 7 年以上 12 年以下监禁：

a）以更严重的方式实施的；

b）针对受保护人实施的；

c）基于特别的动机实施的；或者

d）因为其实施造成数额较大的损失的。

3. 如果在实施第 1 款所指的犯罪时具有下列情形之一的，处 10 年以上 15 年以下监禁：

a）因为其实施造成数额巨大的损失的；或者

b）因为其实施导致他人重伤或者死亡的。

4. 如果在实施第 1 款所指的犯罪时具有下列情形之一的，处 15 年以上 25 年以下监禁或者终身监禁：

a）因为其实施造成数人死亡的；

b）因为其实施造成数额特别巨大的损失的；或者

c）作为危险集团的成员实施的。

第 186 条　绑架勒赎罪

1. 违背他人意志扣留他人以此限制其人身自由或者劫持他人，并且以杀害、伤害或者造成任何其他损害相威胁，强迫他人或者第三人提供财产或者非财产性质的代价的，处 7 年以上 12 年以下监禁。

2. 如果在实施第 1 款所指的犯罪时具有下列情形之一的，处 10 年以上 15 年以下监禁：

a）因为其实施为自己或者他人获得数额较大的利益的；

b）以更严重的方式实施的；

c）针对受保护人实施的；或者

d）基于特别的动机实施的。

3. 如果在实施第 1 款所指的犯罪时具有下列情形之一的，处 12 年以上 20 年以下监禁：

a）因为其实施为自己或者他人获得数额巨大的利益的；或者

b）因为其实施导致他人重伤或者死亡的。

4．如果在实施第1款所指的犯罪时具有下列情形之一的，处20年以上25年以下监禁或者终身监禁：

a）因为其实施为自己或者他人获得数额特别巨大的利益的；

b）因为其实施造成数人死亡的；或者

c）作为危险集团的成员实施的。

第187条　拐取他人到国外罪

1．拐取他人到国外的，处4年以上10年以下监禁。

2．如果在实施第1款所指的犯罪时具有下列情形之一的，处10年以上15年以下监禁：

a）因为其实施造成数额较大的损失的；

b）针对受保护人实施的；

c）基于特别的动机实施的；或者

d）以更严重的方式实施的。

3．如果在实施第1款所指的犯罪时具有下列情形之一的，处12年以上25年以下监禁：

a）因为其实施导致他人重伤或者死亡的；或者

b）因为其实施造成数额巨大的损失的。

4．如果在实施第1款所指的犯罪时具有下列情形之一的，处15年以上25年以下监禁或者终身监禁：

a）因为其实施造成数额特别巨大的损失的；

b）因为其实施导致数人死亡的；或者

c）作为危险集团的成员实施的。

第188条　抢劫罪

1．对他人使用暴力或者即刻使用暴力的威胁，意图夺取他人财物的，处3年以上8年以下监禁。

2. 如果在实施第1款所指的犯罪时具有下列情形之一的，处7年以上12年以下监禁：

a）因为其实施对数人的生命或者健康造成迫近的危险的；

b）因为其实施造成数额较大的损失的；

c）以更严重的方式实施的；

d）针对受保护人实施的；或者

e）基于特别的动机实施的。

3. 如果在实施第1款所指的犯罪时具有下列情形之一的，处10年以上15年以下监禁：

a）因为其实施导致他人重伤或者死亡的；或者

b）因为其实施造成数额巨大的损失的。

4. 如果在实施第1款所指的犯罪时具有下列情形之一的，处15年以上25年以下监禁或者终身监禁：

a）因为其实施造成数额特别巨大的损失的；

b）因为其实施造成数人死亡的；或者

c）作为危险集团的成员实施的。

第189条　胁迫罪

1. 以暴力、暴力威胁或者其他严重损害威胁为手段，强迫他人做某事、不做某事或者忍受被做某事的，处2年以上6年以下监禁。

2. 如果在实施第1款所指的犯罪时具有下列情形之一的，处4年以上10年以下监禁：

a）以更严重的方式实施的；

b）针对受保护人实施的；

c）基于特别的动机实施的；或者

d）因为其实施造成数额较大的损失的。

3. 如果在实施第 1 款所指的犯罪时具有下列情形之一的，处 10 年以上 20 年以下监禁：

a）因为其实施导致他人重伤或者死亡的；或者

b）因为其实施造成数额巨大的损失的。

4. 如果在实施第 1 款所指的犯罪时具有下列情形之一的，处 20 年以上 25 年以下监禁或者终身监禁：

a）因为其实施导致数人重伤或者死亡的；

b）因为其实施造成数额特别巨大的损失的；或者

c）作为危险集团的成员实施的。

严重强迫罪

第 190 条

1. 以暴力、暴力威胁或者其他严重损害威胁为手段，强迫他人提供财产或者非财产性质的对价，作为强迫他人违背意志接受的其本人或者第三人提供的服务的回报（即使行为人谎称提供了相关服务也不例外）的，处 4 年以上 10 年以下监禁。

2. 因为他人的民族、种族、肤色、族群、年龄、健康状况、性别针对一群人实施或者出于为自己或者第三人获取非法或者不正当利益的目的而实施下列行为的，处以与第 1 款规定相同的刑罚：

a）在无法定授权的情况下，以暴力或者暴力威胁手段强迫他人违背其基本人权做某事、不做某事或者忍受被做某事的；或者

b）对之实施虐待、酷刑或者类似的不人道的残酷对待的。

3. 如果实施第 1 款或者第 2 款所指的犯罪具有下列情形之一的，处 7 年以上 12 年以下监禁：

a）因为其实施造成数额较大的损失的；

b）针对受保护人实施的；

c）基于特别的动机实施的；或者

d）以更严重的方式实施的。

4. 如果实施第1款或者第2款所指的犯罪具有下列情形之一的，处12年以上20年以下监禁：

a）因为其实施导致他人重伤或者死亡的；或者

b）因为其实施造成数额巨大的损失的。

5. 如果实施第1款或者第2款所指的犯罪具有下列情形之一的，处20年以上25年以下监禁或者终身监禁：

a）因为其实施造成数额特别巨大的损失的；

b）因为其实施造成数人死亡的；或者

c）作为危险集团的成员实施的。

第191条

1. 以暴力、暴力威胁或者其他严重损害威胁为手段，在第三人以其他方式对债务履行存在请求权的情况下强迫他人履行其债务的，处1年以上3年以下监禁。

2. 如果在实施第1款所指的犯罪时具有下列情形之一的，处3年以上8年以下监禁：

a）因为其实施造成数额较大的损失的；

b）针对受保护人实施的；

c）基于特别的动机实施的；或者

d）以更严重的方式实施的。

3. 如果在实施第1款所指的犯罪时具有下列情形之一的，处7年以上15年以下监禁：

a）因为其实施导致他人重伤或者死亡的；或者

b）因为其实施造成数额巨大的损失的。

4. 如果在实施第 1 款所指的犯罪时具有下列情形之一的，处 15 年以上 25 年以下监禁或者终身监禁：

a）因为其实施造成数额特别巨大的损失的；

b）因为其实施造成数人死亡的；或者

c）作为危险集团的成员实施的。

第 192 条　强迫罪

1. 利用他人的物质困窘、非财产紧急需要或者不利的人身状况所导致的困境，强迫其在无合法授权的情况下做某事、不做某事或者忍受被做某事的，处 3 年以下监禁。

2. 如果在实施第 1 款所指的犯罪时具有下列情形之一的，处 1 年以上 5 年以下监禁：

a）以更严重的方式实施的；

b）针对受保护人实施的；

c）基于特别的动机实施的；

d）意图为自己或者他人获取数额较大的财产利益或者其他利益的；或者

e）在雇用关系或者类似工作关系中，拒绝雇员行使有关安全卫生的工作条件、年休假或者对女性和未成年工人创造法定的工作条件的权利的。

3. 如果在实施第 1 款所指的犯罪时具有下列情形之一的，处 4 年以上 10 年以下监禁：

a）因为其实施导致他人重伤或者死亡的；或者

b）因为其实施造成数额巨大的损失的。

4. 如果在实施第 1 款所指的犯罪时具有下列情形之一的，处 10 年以上 25 年以下监禁或者终身监禁：

a）因为其实施造成数额特别巨大的损失的；

b）因为其实施造成数人死亡的；

c）作为危险集团的成员实施的；或者

d）在危机状态下实施的。

第 193 条　限制信仰自由罪

1. 以暴力、暴力威胁或者其他严重损害威胁为手段实施下列行为的，处 2 年以下监禁：

a）强迫他人参加宗教行为的；

b）在未获得合法授权的情况下阻止他人参加宗教行为的；或者

c）在未获得合法授权的情况下以其他方式阻止他人行使其信仰自由的。

2. 如果在实施第 1 款所指的犯罪时具有下列情形之一的，处 2 年以上 6 年以下监禁：

a）以更严重的方式实施的；

b）针对受保护人实施的；

c）基于特别的动机实施的；或者

d）公开地实施的。

第 194 条　强制进入住宅罪

1. 在未获合法授权的情况下进入他人住所或者停留其中的，处 2 年以下监禁。

2. 如果在实施第 1 款所指的犯罪时具有下列情形之一的，处 1 年以上 5 年以下监禁：

a）以更严重的方式实施的；

b）采取排除意图阻止强行进入之预防措施的障碍的方式实施的；

c）由两个或者两个以上的人共同实施的；或者

d）基于特别的动机实施的。

3. 如果实施第1款或者第2款所指的犯罪具有下列情形之一的，处3年以上8年以下监禁：

a）针对受保护人实施的；或者

b）作为危险集团的成员实施的。

第195条　侵犯和平的结社或者集会罪

1. 以暴力、暴力威胁或者其他严重损害威胁为手段，禁止他人行使结社或者集会权利的，处2年以下监禁。

2. 以暴力或者即刻使用暴力的威胁手段，拒绝服从为维持应当履行告知义务的公共集会之秩序所采取的措施或者对负责维持秩序的官员进行抵制的，处1年以下监禁。

侵犯通信秘密罪

第196条

1. 故意地侵犯下列秘密之一的，处3年以下监禁：

a）以探测或者开拆方式侵犯通过邮政服务或者以其他惯常方式递送的密封信件或者其他书面通信的秘密的；

b）通过电子通信服务传送的信息的秘密；或者

c）在计算机系统内部或者向外不公开传递的计算机数据（包括通过计算机系统发射的传递这些计算机数据的电磁波）的秘密。

2. 邮政服务或者电信服务提供商的雇员实施第1款所指的犯罪，或者故意地使他人能够实施这些犯罪，或者变造、扣留通过邮政服务或者以其他惯常方式递送的书面通信或者通过电子通信服务传送的信息的，处1年以上5年以下监禁。

3. 如果实施第1款或者第2款所指的犯罪具有下列情形之一的，处4年以上10年以下监禁：

a）因为其实施造成数额巨大的损失的；

b）基于特别的动机实施的；或者

c）以更严重的方式实施的。

第197条

1. 意图给他人造成损失或者为自己、他人获取非法利益，实施下列行为的，处3年以下监禁：

a）将其所知悉的其并非接受人的通过邮政服务或者以其他惯常方式递送的密封信件或者其他书面通信或者通过电子通信网络传递的信息的信件秘密泄露的；或者

b）利用这些秘密的。

2. 邮政服务或者电信服务提供商的雇员实施第1款所指的犯罪，或者故意地使他人能够实施这些犯罪的，处1年以上5年以下监禁。

3. 如果实施第1款或者第2款所指的犯罪具有下列情形之一的，处4年以上10年以下监禁：

a）因为其实施造成数额巨大的损失的；

b）基于特别的动机实施的；

c）以更严重的方式实施的。

第198条

1. 违反具有普适效力的条例，制作、为自己或者他人获取、持有能够截获通过电信服务传递信息的设备的，处3年以下监禁。

2. 如果在实施第1款所指的犯罪时具有下列情形之一的，处1年以上5年以下监禁：

a）因为其实施为自己或者他人获得数额较大的利益的；或者

b）以更严重的方式实施的。

第二章　侵犯人的尊严罪

第 199 条　强奸罪

1．以使用暴力或者即刻实施暴力威胁的手段，强迫女性与之性交，或者利用女性的无助状态实施该行为的，处 5 年以上 10 年以下监禁。

2．如果在实施第 1 款所指的犯罪时具有下列情形之一的，处 7 年以上 15 年以下监禁：

a）以更严重的方式实施的；

b）针对受保护人实施的；

c）基于特别的动机实施的；或者

d）针对羁押中或者正在服监禁刑的女性实施的。

3．如果因为实施第 1 款所指的犯罪导致他人重伤的，处 15 年以上 20 年以下监禁。

4．如果在实施第 1 款所指的犯罪时具有下列情形之一的，处 20 年以上 25 年以下监禁：

a）因为其实施导致他人死亡的；或者

b）在危机状态下实施的。

第 200 条　性暴行罪

1．以使用暴力或者即刻实施暴力威胁的手段，强迫他人实施口交、肛交或者其他性行为，或者利用他人的无助状态实施该行为的，处5年以上10年以下监禁。

2. 如果在实施第1款所指的犯罪时具有下列情形之一的，处7年以上15年以下监禁：

a）以更严重的方式实施的；

b）针对受保护人实施的；

c）基于特别的动机实施的；或者

d）针对羁押中或者正在服监禁刑的女性实施的。

3. 如果因为实施第1款所指的犯罪导致他人重伤的，处15年以上20年以下监禁。

4. 如果在实施第1款所指的犯罪时具有下列情形之一的，处20年以上25年以下监禁：

a）因为其实施导致他人死亡的；或者

b）在危机状态下实施的。

性侵害罪

第201条

1. 与不满15周岁的人性交或者使之遭受其他性侵害的，处3年以上10年以下监禁。

2. 如果在实施第1款所指的犯罪时具有下列情形之一的，处7年以上12年以下监禁：

a）以更严重的方式实施的；

b）针对受保护人实施的；或者

c）基于特别的动机实施的。

3. 如果因为实施第1款所指的犯罪导致他人重伤的，处12年以上15年以下监禁。

4. 如果在实施第1款所指的犯罪时具有下列情形之一的，处15年以上20年以下监禁：

a）因为其实施导致他人死亡的；或者

b）在危机状态下实施的。

第 202 条

1. 让不满 18 周岁的人实施婚外性行为或者以其他方式使之遭受性侵害，具有下列情形之一的，处 1 年以上 5 年以下监禁：

a）被害人是被交付行为人照料或者监督的人或者依赖于行为人的人；或者

b）获取报酬的。

2. 如果在不满 18 周岁的人基于服从、强制或者威胁行事而被迫实施的情况下针对其实施第 1 款所指的犯罪的，处 2 年以上 8 年以下监禁。

第 203 条　乱伦罪

1. 与直系亲属或者兄弟姐妹性交的，处 2 年以下监禁。

2. 如果针对受保护人实施第 1 款所指的行为的，处 1 年以上 5 年以下监禁。

第三编 危害家庭和未成年人罪

第 204 条 重婚罪

1. 在前一婚姻尚未解除之前再缔结婚姻的，处 2 年以下监禁。

2. 与已经结婚的人缔结婚姻的，处与第 1 款规定相同的刑罚。

第 205 条 弃置未成年人罪

1. 将其有义务照料并且还没有能力寻求帮助的未成年人弃置于对其生命或者健康不构成危险的地点的，处 2 年以下监禁。

2. 如果在实施第 1 款所指的犯罪时具有下列情形之一的，处 2 年以上 6 年以下监禁：

a）以更严重的方式实施的；或者

b）针对不满 3 周岁的人实施的。

第 206 条 遗弃未成年人罪

1. 将其有义务照料并且还没有能力寻求帮助的未成年人遗弃，致使其生命或者健康处于危险中的，处 1 年以上 5 年以下监禁。

2. 如果在实施第 1 款所指的犯罪时具有下列情形之一的，处 3 年以上 10 年以下监禁：

a）以更严重的方式实施的；或者

b）针对不满6周岁的人实施的。

3．如果在实施第1款所指的犯罪时具有下列情形之一的，处7年以上12年以下监禁：

a）因为其实施导致他人重伤或者死亡的；或者

b）在危机状态下实施的。

第207条 不履行法定供养义务罪

1．在两年期间内不履行（即使出于过失也不例外）其对他人法定的供养或者赡养义务不少于3个月的，处2年以下监禁。

2．在两年期间内故意地逃避履行其对他人法定的供养或者赡养义务不少于3个月的，处3年以下监禁。

3．如果实施第1款或者第2款所指的犯罪具有下列情形之一的，处1年以上5年以下监禁：

a）使权利人面临紧急情况危险的；

b）以更严重的方式实施的；或者

c）在过去24个月内曾经因为本罪被判决有罪或者被执行过因为本罪所判处监禁刑罚的。

第208条 虐待关系密切人或者被托付人罪

1．以下列手段虐待关系密切人或者托付其照料或者教育的人，对其造成身体或者精神痛苦的，处3年以上8年以下监禁：

a）殴打、脚踢、击打、造成各种伤口或者烧伤、侮辱、蔑视、持续骚扰、威胁、引起恐惧或者压力、强制隔离、情感恐吓[1]，或者威胁其身体、心理健康或者面临安全危险的其他不适当行为；

b）不正当地不让其进食、休息、睡觉，或者拒绝给予必要

---

① 相对于财产恐吓，是指以被害人的情感作为讹诈对象，如父母以遗弃相威胁迫其小孩听命。——译者注

的个人护理、基本衣着、基本保健、医疗、住处、扶养、教育；

c）强迫乞讨或者反复地实施导致和其年龄和健康状况不符的过度身体负担或者心理压力或者危害其健康的活动；

d）使遭受可能危害其健康的物质的影响；或者

e）不正当地限制其对有权利使用的财产的权利。

2. 如果在实施第 1 款所指的犯罪时具有下列情形之一的，处 7 年以上 15 年以下监禁：

a）因为其实施导致他人重伤或者死亡的；

b）基于特别的动机实施的；

c）在过去 24 个月内曾经因为本罪被判决有罪或者被执行过因为本罪所判处监禁刑罚的；或者

d）以更严重的方式实施的。

3. 如果因为实施第 1 款所指的犯罪导致数人重伤或者死亡的，处 15 年以上 25 年以下监禁或者终身监禁。

拐取罪

第 209 条

1. 将患有精神错乱的人或者智力发育迟滞的人，从依据由法律或者官方决定有义务对之进行照料的人处带离的，处 3 年以上 8 年以下监禁。

2. 如果在实施第 1 款所指的犯罪时具有下列情形之一的，处 4 年以上 10 年以下监禁：

a）以更严重的方式实施的；

b）基于特别的动机实施的；或者

c）对被诱拐人的道德形成造成损害的。

3. 如果在实施第 1 款所指的犯罪时具有下列情形之一的，处 7 年以上 15 年以下监禁：

a）意图将被害人诱拐到国外的；

b）意图为自己或者他人获取数额巨大的利益的；或者

c）如果因为其实施导致他人重伤、死亡或者其他特别严重后果的。

4. 如果在实施第1款所指的犯罪时具有下列情形之一的，处15年以上25年以下监禁或者终身监禁：

a）作为危险集团的成员实施的；或者

b）意图为自己或者他人获取数额特别巨大的利益的。

第210条

1. 患有精神错乱的人或者智力发育迟滞的人的父母或者直系亲属，将其从依据由法律或者官方决定有义务对之进行照料的人处带离的，处6个月以上3年以下监禁。

2. 如果在实施第1款所指的犯罪时具有下列情形之一的，处1年以上5年以下监禁：

a）以更严重的方式实施的；或者

b）基于特别的动机实施的。

第211条　腐蚀未成年人品德罪

1. 以下列手段（即使出于过失也不例外）使不满18周岁的人面临道德堕落危险的，处2年以下监禁：

a）引诱其以懒散或者不道德的方式生活；

b）使其能够以懒散或者不道德的方式生活；

c）使其能够实施被本法典视为犯罪的行为；或者

d）阻止其接受义务教育。

2. 违背具有普适效力的条例的规定雇用不满15周岁的未成年人，因此阻止其接受义务教育的，处以与第1款规定相同的刑罚。

3. 如果在实施第1款或者第2款所指的犯罪时具有下列情形之一的，处6个月以上5年以下监禁：

a）以更严重的方式实施的；或者

b）基于特别的动机实施的。

第四编 侵犯财产罪

第212条 夺取罪

1. 以夺取方式占有他人的财物，并且因此对他人造成数额较小的损失的，处2年以下监禁。

2. 以夺取方式占有他人的财物，并且具有下列情形之一的，处以与第1款规定相同的刑罚：

a）以破门入室的方式实施犯罪的；

b）在犯罪之后当场使用暴力或者即刻使用暴力的威胁手段意图维护所夺取的财物的；

c）针对他人贴身或者随身携带的财物实施的；

d）针对储备农地的收割物、储备林地的木材或者高密度饲养池塘的鱼类实施的；

e）针对依据专门条例征收的物品实施的；或者

f）在过去24个月内曾经因为本罪被执行刑罚的。

3. 如果实施第1款或者第2款所指的犯罪具有下列情形之一的，处6个月以上3年以下监禁：

a）因为其实施造成数额较大的损失的；

b）在过去24个月内曾经因为本罪被判决有罪的；或者

c）基于特别的动机实施的。

4. 如果实施第1款或者第2款所指的犯罪具有下列情形之一的，处3年以上10年以下监禁：

a）因为其实施造成数额巨大的损失的；

b）以更严重的方式实施的；

c）在礼拜场所、公众尊敬的场所或者举行公共集会、公共典礼的场所实施的；

d）针对依据专门的法律予以保护的财物实施的；或者

e）组织实施这些行为的。

5. 如果实施第1款或者第2款所指的犯罪具有下列情形之一的，处10年以上15年以下监禁：

a）因为其实施造成数额特别巨大的损失的；

b）作为危险集团的成员实施的；或者

c）在危机状态下实施的。

第213条　侵占罪

1. 将被托付的他人财产据为己有，并且因此对他人造成数额较小的损失的，处2年以下监禁。

2. 如果在实施第1款所指的犯罪时具有下列情形之一的，处1年以上5年以下监禁：

a）因为其实施造成数额较大的损失的；

b）基于特别的动机实施的；

c）以被赋予保护被害人利益之特别义务的人或者被指定为破产管理人的身份实施的；或者

d）以更严重的方式实施的。

3. 如果实施第1款所指的犯罪导致数额巨大的损失的，处3年以上10年以下监禁。

4. 如果在实施第1款所指的犯罪时具有下列情形之一的，处10年以上15年以下监禁：

a）因为其实施造成数额特别巨大的损失的；

b）作为危险集团的成员实施的；或者

c）在危机状态下实施的。

第 214 条 不支付工资或者离职金罪

1. 法人机关成员或者作为雇主的自然人以及他们的代理人，无视其在特定日期除了维持法人经营或者作为自然人雇主的业务活动所必需的资金之外还有资金予以支付的事实，不在到期日向雇员支付其应得的工资、薪水或者其他工作报酬、工资补偿金、解雇补偿金，或者采取措施妨碍上述支付的，处 3 年以下监禁。

2. 如果在实施第 1 款所指的犯罪时具有下列情形之一的，处 1 年以上 5 年以下监禁：

a）因为其实施造成数额较大的损失的；

b）基于特别的动机实施的；或者

c）针对超过 10 个雇员实施的。

3. 如果第 1 款所指的犯罪导致数额巨大的损失的，处 3 年以上 8 年以下监禁。

4. 如果第 1 款所指的犯罪导致数额特别巨大的损失的，处 7 年以上 12 年以下监禁。

第 215 条 非法使用他人财物罪

1. 意图暂时使用占有价值较小的他人财物，或者在未获得授权的情况下暂时使用被托付的他人财产因此对他人财产造成数额较小的损失的，处 1 年以下监禁。

2. 如果在实施第 1 款所指的犯罪时具有下列情形之一的，处 6 个月以上 3 年以下监禁：

a）导致数额较大的损失或者其他特别严重后果的；

b）基于特别的动机实施的；或者

c）以更严重的方式实施的。

3. 如果第1款所指的犯罪导致数额巨大的损失的，处1年以上5年以下监禁。

4. 如果在实施第1款所指的犯罪时具有下列情形之一的，处3年以上8年以下监禁：

a）导致数额特别巨大的损失或者其他特别严重后果的；或者

b）作为危险集团的成员实施的。

非法使用他人机动交通工具罪

第216条

1. 意图暂时使用而占有他人价值较小的机动交通工具的，处2年以下监禁。

2. 如果在实施第1款所指的犯罪时具有下列情形之一的，处1年以上5年以下监禁：

a）曾经因为本罪被判决有罪的；

b）基于特别的动机实施的；

c）针对价值较大的机动交通工具实施，或者因为实施本罪导致数额较大的损失的；或者

d）以更严重的方式实施的。

3. 如果针对价值巨大的机动交通工具实施第1款所指的犯罪，或者因为实施本罪导致数额巨大的损失的，处3年以上8年以下监禁。

4. 如果在实施第1款所指的犯罪时具有下列情形之一的，处7年以上12年以下监禁：

a）针对价值特别巨大的机动交通工具实施，或者因为实施本罪导致数额特别巨大的损失的；或者

b）作为危险集团的成员实施的。

第217条

1．在未获得授权的情况下暂时使用他人托付给其的机动交通工具的，处2年以下监禁。

2．如果在实施第1款所指的犯罪时具有下列情形之一的，处6个月以上3年以下监禁：

a）曾经因为本罪被判决有罪的；

b）基于特别的动机实施的；

c）针对价值较大的机动交通工具实施，或者因为实施本罪导致数额较大的损失的；或者

d）以更严重的方式实施的。

3．针对价值巨大的机动交通工具实施，或者因为实施本罪导致数额巨大的损失的，处1年以上5年以下监禁。

4．如果在实施第1款所指的犯罪时具有下列情形之一的，处3年以上8年以下监禁：

a）针对价值特别巨大的机动交通工具实施，或者因为实施本罪导致数额特别巨大的损失的；或者

b）作为危险集团的成员实施的。

第218条 非法妨碍住宅、公寓或者非居住建筑物权利罪

1．非法占有或者使用他人的住宅或者公寓，或者非法妨碍权利人使用住宅或者公寓的，处2年以下监禁。

2．非法占有或者使用他人的非居住建筑，或者非法妨碍权利人使用非居住建筑的，处1年以下监禁。

3．如果实施第1款或者第2款所指的犯罪具有下列情形之一的，处1年以上5年以下监禁：

a）以更严重的方式实施的；或者

b）基于特别的动机实施的。

第 219 条　非法制造或者使用支付工具、电子货币或者其他支付卡罪

1. 出于作为真品行使的目的非法制造、变造、仿造、伪造或者获取支付工具、电子货币或者其他支付卡（包括电话磁卡）或者能够履行这些功能的物品，或者出于相同目的而持有、运输、使用或者向他人提供的，处 1 年以上 5 年以下监禁。

2. 非法制造、持有、为自己或者他人获取、向他人提供特别适用于实施第 1 款所指犯罪的工具、计算机程序或者其他设备的，处 3 年以下监禁。

3. 如果实施第 1 款或者第 2 款所指的犯罪具有下列情形之一的，处 2 年以上 8 年以下监禁：

a）以更严重的方式实施的；

b）规模巨大地实施的；或者

c）基于特别的动机实施的。

4. 如果实施第 1 款或者第 2 款所指的犯罪具有下列情形之一的，处 5 年以上 12 年以下监禁：

a）规模特别巨大地实施的；或者

b）作为危险集团的成员实施的。

第 220 条　伪造或者变造机动交通工具识别号罪

1. 伪造或者变造机动交通工具识别号、交通工具发动机序列号、交通工具制造商识别牌或者交通工具部件序列号，或者将其他交通工具的交通工具识别号、交通工具发动机序列号、交通工具制造商识别牌或者交通工具部件序列号作为真实的此类牌号使用的，处 3 年以下监禁。

2. 如果实施第 1 款所指的犯罪具有下列情形之一的，处 1 年以上 5 年以下监禁：

a）曾经因为本罪被判决有罪的；

b）针对价值较大的机动交通工具实施，或者因为实施本罪导致数额较大的损失的；或者

c）基于特别的动机实施的。

3. 如果在实施第 1 款所指的犯罪时具有下列情形之一的，处 3 年以上 8 年以下监禁：

a）以更严重的方式实施的；或者

b）针对价值巨大的机动交通工具实施，或者因为实施本罪导致数额巨大的损失的。

4. 如果在实施第 1 款所指的犯罪时具有下列情形之一的，处 4 年以上 10 年以下监禁：

a）针对价值特别巨大的机动交通工具实施，或者因为实施本罪导致数额特别巨大的损失的；或者

b）作为危险集团的成员实施的。

第 221 条 诈骗罪

1. 出于为自己或者第三人获取利益的目的，以向他人虚假陈述或者利用他人错误认识的手段，给他人财产造成数额较小的损失的，处 2 年以下监禁。

2. 如果因为实施第 1 款所指的犯罪导致数额较大的损失的，处 1 年以上 5 年以下监禁。

3. 如果在实施第 1 款所指的犯罪时具有下列情形之一的，处 3 年以上 10 年以下监禁：

a）因为其实施造成数额巨大的损失的；

b）基于特别的动机实施的；或者

c）以更严重的方式实施的。

4. 如果在实施第 1 款所指的犯罪时具有下列情形之一的，

处10年以上15年以下监禁：

a）因为其实施造成数额特别巨大的损失的；

b）作为危险集团的成员实施的；或者

c）在危机状态下实施的。

第222条　贷款诈骗罪

1. 以提供与贷款的发放或者归还条件有关的虚假信息的手段，从他人处获取他人的贷款或者信用保证，并且因此给他人导致数额较小的损失的，处1年以上5年以下监禁。

2. 被授权代表承担贷款人行事的雇员、成员、代理人或者其他人，在明知他人不满足准予贷款所需条件的情况下，为其获取贷款提供便利的，处2年以上5年以下监禁。

3. 如果实施第1款或者第2款所指的犯罪具有下列情形之一的，处3年以上10年以下监禁：

a）因为其实施造成数额较大的损失的；

b）基于特别的动机实施的；或者

c）以更严重的方式实施的。

4. 如果因为实施第1款或者第2款所指的犯罪导致数额巨大的损失的，处5年以上12年以下监禁。

5. 如果实施第1款或者第2款所指的犯罪具有下列情形之一的，处10年以上15年以下监禁：

a）因为其实施造成数额特别巨大的损失的；

b）作为危险集团的成员实施的；或者

c）在危机状态下实施的。

第223条　保险诈骗罪

1. 以欺骗他人相信其满足赔付条件的手段，从他人处获取保险利益赔付，导致他人数额较小的损失的，处1年以上5年以下监禁。

2. 被授权代表承担保险责任的人行事的雇员、成员、代理人或者其他人，在明知他人不满足赔付条件的情况下，为其获取保险利益提供便利的，处2年以上5年以下监禁。

3. 如果实施第1款或者第2款所指的犯罪具有下列情形之一的，处3年以上10年以下监禁：

a）因为其实施造成数额较大的损失的；

b）基于特别的动机实施的；或者

c）以更严重的方式实施的。

4. 如果因为实施第1款或者第2款所指的犯罪导致数额巨大的损失的，处5年以上12年以下监禁。

5. 如果实施第1款或者第2款所指的犯罪具有下列情形之一的，处10年以上15年以下监禁：

a）因为其实施造成数额特别巨大的损失的；

b）作为危险集团的成员实施的；或者

c）在危机状态下实施的。

第224条 资本诈骗罪

1. 在证券或者承诺获得法人财产利润受益权的其他商业票据的发盘、销售、分销中或者在招股说明书、其他宣传材料或者关于被投资法人拥有的财产、业务收入的报告中的有关增加投资利润的提议中，向数量较多的人提供与投资利润或者被投资法人拥有的财产有关的虚假或者不真实数据或者隐瞒这些投资的不利因素的，处1年以上5年以下监禁。

2. 如果在实施第1款所指的犯罪时具有下列情形之一的，处3年以上10年以下监禁：

a）因为其实施造成数额较大的损失的；

b）基于特别的动机实施的；或者

c）以更严重的方式实施的。

3. 如果第1款所指的犯罪导致数额巨大的损失的，处5年以上12年以下监禁。

4. 如果在实施第1款所指的犯罪时具有下列情形之一的，处10年以上15年以下监禁：

a）因为其实施造成数额特别巨大的损失的；

b）作为危险集团的成员实施的；或者

c）在危机状态下实施的。

第225条　补助诈骗罪

1. 在不符合具有普适效力的法律条例规定条件的情况下，以欺骗他人相信其符合条件的手段，从他人处获取来自于国家、公共机构、国家基金、自治地区或者市政当局预算的补贴、津贴、捐赠或者其他补助款的，处1年以上5年以下监禁。

2. 将非法获取的来自于国家、公共机构、国家基金、自治地区或者市政当局预算的补贴、津贴、捐赠或者其他补助款用于非约定用途，规模较大的，处以与第1款规定相同的刑罚。

3. 被授权代表给予来自于国家、公共机构、国家基金、自治地区或者市政当局预算的补贴、津贴、捐赠或者其他补助款的人行事的雇员、成员、代理人或者其他人，在明知他人不符合给予补助条件的情况下，帮助他人获取来自于国家、公共机构、国家基金、自治地区或者市政当局预算的补贴、津贴、捐赠或者其他补助款的，处2年以上5年以下监禁。

4. 如果实施第1款、第2款或者第3款所指的犯罪时具有下列情形之一的，处3年以上10年以下监禁：

a）因为其实施造成数额较大的损失的；

b）基于特别的动机实施的；或者

c）以更严重的方式实施的。

5. 如果因为实施第1款、第2款或者第3款所指的犯罪导致数额巨大的损失的，处5年以上12年以下监禁。

6. 如果实施第1款、第2款或者第3款所指的犯罪时具有下列情形之一的，处10年以上15年以下监禁：

a）因为其实施造成数额特别巨大的损失的；

b）作为危险集团的成员实施的；或者

c）在危机状态下实施的。

第226条　不当获利罪

1. 意图在未获得授权的情况下以不付款获取商品、服务、信息或者获取现金，以对设计用于自动售货、兑换现金、提取货币或者有偿提供运行、服务、信息、其他交易的计算机硬件或者软件、自动机器或者类似装置或者设备进行未获授权的介入的手段，为自己或者第三人获利而损害他人财产，并因此对他人的财产造成数额较大的损失的，处2年以下监禁。

2. 如果在实施第1款所指的犯罪时具有下列情形之一的，处6个月以上3年以下监禁：

a）因为其实施造成数额较大的损失的；

b）基于特别的动机实施的；或者

c）以更严重的方式实施的。

3. 如果第1款所指的犯罪导致数额巨大的损失的，处3年以上8年以下监禁。

4. 如果在实施第1款所指的犯罪时具有下列情形之一的，处7年以上12年以下监禁：

a）因为其实施造成数额特别巨大的损失的；

b）作为危险集团的成员实施的；或者

c）在危机状态下实施的。

第227条　欺诈破产罪

1. 法人授权代表人或者法人代理人出于给他人造成损失或者为自己或者他人获得不正当利益的目的，利用该法人的财产（即使只是部分也不例外）：

a）设立其他法人；或者

b）获得其他法人的股份，或者出于导致其担任授权代表人或者代理人的法人破产的目的实施上述行为的，处3年以下监禁。

2. 如果因为实施第1款所指的犯罪导致数额较大的损失，或者为自己或者为他人获得数额较大的利益的，处1年以上5年以下监禁。

3. 如果在实施第1款所指的犯罪时具有下列情形之一的，处2年以上8年以下监禁：

a）如果因为其实施导致数额巨大的损失，或者为自己或者为他人获得数额巨大的利益的；或者

b）以更严重的方式实施的。

4. 如果在实施第1款所指的犯罪时具有下列情形之一的，处5年以上12年以下监禁：

a）如果因为其实施导致数额特别巨大的损失，或者为自己或者为他人获得数额特别巨大的利益的；或者

b）因为其实施导致他人破产的。

第228条　导致破产罪

1. 以下列方式导致破产并且较大规模地妨碍对其债权人的债务清偿的，处3年以下监禁：

a）在无充足财政支持的情况下投资于总是亏损的交易；

b）获得或者提供相对于法人财产状况而言不利的信贷；

c）毁灭、破坏、捐赠、藏匿或者以其他方式移除法人财产（即使只是部分财产也不例外）损害法人债权人的利益；

d）将该法人业务收入的较大部分用于个人消费；或者

e）将法人的业务收入（即使只是部分收入也不例外）用于彩票、赌博或者下赌注。

2. 行为人实施第1款a项至e项所指的行为，但由于国家机关、自治政府或者公共机构在并非有义务而为之的情况下增加供款或者采取其他措施使得该法人得以避免破产的，处以与第1款规定相同的刑罚。

3. 如果因为实施第1款或者第2款所指的犯罪导致数额巨大的损失的，处1年以上5年以下监禁。

4. 如果实施第1款或者第2款所指的犯罪具有下列情形之一的，处3年以上8年以下监禁：

a）因为其实施造成数额特别巨大的损失的；或者

b）因为其实施导致他人破产的。

第229条 经营欺诈赌博罪

1. 经营不能保证给予所有参与者同等的获胜机会的现金赌博或者任何其他类似赌博或者接受下注的，处1年以上5年以下监禁。

2. 如果在实施第1款所指的犯罪时具有下列情形之一的，处4年以上8年以下监禁：

a）因为其实施造成数额较大的损失的；或者

b）基于特别的动机实施的。

3. 如果在实施第1款所指的犯罪时具有下列情形之一的，

处7年以上12年以下监禁：

a）因为其实施造成数额巨大的损失的；或者

b）以更严重的方式实施的。

4. 如果在实施第1款所指的犯罪时具有下列情形之一的，处12年以上15年以下监禁：

a）因为其实施造成数额特别巨大的损失的；或者

b）作为危险集团的成员实施的。

第230条　非法经营彩票或者其他类似赌博罪

1. 在无许可证的情况下经营彩票或者其他类似赌博的，处1年以上5年以下监禁。

2. 如果在实施第1款所指的犯罪时具有下列情形之一的，处4年以上8年以下监禁：

a）因为其实施造成数额较大的损失的；或者

b）基于特别的动机实施的。

3. 如果在实施第1款所指的犯罪时具有下列情形之一的，处7年以上12年以下监禁：

a）因为其实施造成数额巨大的损失的；或者

b）以更严重的方式实施的。

4. 如果在实施第1款所指的犯罪时具有下列情形之一的，处12年以上15年以下监禁：

a）因为其实施造成数额特别巨大的损失的；或者

b）作为危险集团的成员实施的。

赃物罪

第231条

1. 藏匿、转让给自己或者他人，出租、代为保管下列对象的，处3年以下监禁：

a）他人通过实施犯罪所获得的财物；或者

b）对这些财物进行转换所得的财物。

2. 如果在实施第 1 款所指的犯罪时具有下列情形之一的，处 3 年以上 8 年以下监禁：

a）因为其实施为自己或者他人获得数额较大的利益的；

b）基于特别的动机实施的；或者

c）将这些物品用于经营的。

3. 如果在实施第 1 款所指的犯罪时具有下列情形之一的，处 7 年以上 12 年以下监禁：

a）因为其实施为自己或者他人获得数额巨大的利益的；或者

b）以更严重的方式实施的。

4. 如果在实施第 1 款所指的犯罪时具有下列情形之一的，处 12 年以上 20 年以下监禁：

a）因为其实施为自己或者他人获得数额特别巨大的利益的；或者

b）作为危险集团的成员实施的。

第 232 条

1. 对他人通过犯罪所获得的价值较大的财物，予以窝藏或者转让给自己或第三人的，处 1 年以下监禁。

2. 如果实施第 1 款所指的犯罪使他人得以对通过在斯洛伐克共和国领域内或者国外实施的犯罪活动所得的财物的来源或者来源查明予以掩饰的，处 6 个月以上 3 年以下监禁。

3. 如果在实施第 1 款所指的犯罪时具有下列情形之一的，处 1 年以上 5 年以下监禁：

a）为自己或者他人获得数额巨大的利益的；

b）以更严重的方式实施的；或者

c）针对来源于贩卖麻醉药品、精神药品、核物质、高度危险化学物质或者其他特别严重的重罪的物品实施的。

4. 如果因为其实施第1款所指的犯罪为自己或者他人获得数额特别巨大的利益的，处3年以上8年以下监禁。

合法化犯罪所得罪

第233条

1. 针对犯罪所得的收入或者其他财物实施下列行为，意图隐瞒这些收入或者财物的存在、掩饰其犯罪来源、隐瞒其被计划用于或者实际用于实施犯罪或者出于刑事诉讼目的对之进行扣押、罚没、没收的，处2年以上5年以下监禁：

a）转让给自己或者他人、借出、借入、在银行或者外国银行分支机构中转移、进口、过境、交付、运输、出租或者以其他方式为自己或者他人获取；或者

b）持有、藏匿、隐瞒、使用、消费、毁灭、变造或者破坏。

2. 如果在实施第1款所指的犯罪时具有下列情形之一的，处3年以上8年以下监禁：

a）基于特别的动机实施的；或者

b）因为其实施为自己或者他人获得数额较大的利益的。

3. 如果在实施第1款所指的犯罪时具有下列情形之一的，处7年以上12年以下监禁：

a）以公务员身份实施；

b）因为其实施为自己或者他人获得数额巨大的利益的；或者

c）以更严重的方式实施的。

4. 如果在实施第1款所指的犯罪时具有下列情形之一的，

处12年以上20年以下监禁：

a）因为其实施为自己或者他人获得数额特别巨大的利益的；

b）针对来源于贩卖麻醉药品、精神药品、核物质、高度危险化学物质、武器、人口或者其他特别严重的重罪的物品实施的；或者

c）作为危险集团的成员实施的。

第234条

1. 基于其工作、职业、职位、职权负有通知或者报告义务的人不告发或者不检举下列情况的，处2年以上8年以下监禁：

a）显示他人实施了第233条规定的合法化犯罪所得罪的事实；或者

b）异常的商业交易。

2. 如果行为人通知或者报告将使其本人或者关系密切人面临刑事追诉危险的，对其所实施的第1款所指的行为不应当追究刑事责任。

第235条　暴利罪

1. 利用他人的心智耗弱、危难、缺乏经验、激情，在交易中要求对方向自己或者第三人实际提供或者许诺提供与交易价值严重不相称的对价，或者行使这种请求权或者意图行使这种请求权而受让该种权利的，处1年以上5年以下监禁。

2. 如果在实施第1款所指的犯罪时具有下列情形之一的，处3年以上8年以下监禁：

a）因为其实施造成数额较大的损失的；

b）针对受保护人实施的；或者

c）基于特别的动机实施的。

3. 如果在实施第1款所指的犯罪时具有下列情形之一的，

处5年以上12年以下监禁：

a）因为其实施造成数额巨大的损失的；或者

b）以更严重的方式实施的。

4. 如果在实施第1款所指的犯罪时具有下列情形之一的，处10年以上15年以下监禁：

a）因为其实施造成数额特别巨大的损失的；或者

b）作为危险集团的成员实施的。

第236条　侵占发现物罪

1. 将在未获得权利人同意的情况下因为发现、认识错误或者以其他方式占他人财物据为己有，数额较小的，处1年以下监禁。

2. 如果实施第1款所指的犯罪造成数额较大的损失的，处6个月以上5年以下监禁。

管理他人财产背信罪

第237条

1. 违背依据具有普适效力的法律条例、法院裁判规定或者合同约定承担的照料或者管理他人财产的义务，因此给他人造成数额较小的损失的，处2年以下监禁。

2. 如果在实施第1款所指的犯罪时具有下列情形之一的，处1年以上5年以下监禁：

a）因为其实施造成数额较大的损失的；或者

b）基于特别的动机实施的。

3. 如果在实施第1款所指的犯罪时具有下列情形之一的，处3年以上10年以下监禁：

a）因为其实施造成数额巨大的损失的；或者

b）以更严重的方式实施的。

4．如果在实施第 1 款所指的犯罪时具有下列情形之一的，处 10 年以上 15 年以下监禁：

a）因为其实施造成数额特别巨大的损失的；或者

b）作为危险集团的成员实施的。

第 238 条

违背依据具有普适效力的法律条例、法院裁判规定的照料或者管理他人财产的义务，因此过失地给他人造成数额巨大的损失的，处 2 年以下监禁。

第 239 条　损害债权人罪

1．以下列方式妨碍对债权人的偿付（即使只是部分也不例外）的，处 2 年以下监禁：

a）毁灭、破坏、使之无法使用、藏匿、出售、交易或者以其他方式移除其财产（即使只是部分也不例外）；

b）在作为债务标的的财物上设定其他债务或者予以租赁；

c）谎称存在或者承认实际不存在的权利或者义务，或者让渡其请求权，或者承担债务（即使其既没有义务也没有权利如此作为也不例外）；或者

d）假装财产减少或者灭失。

2．以下列方式妨碍他人对其债权人的偿付（即使只是部分也不例外）的，处以与第 1 款规定相同的刑罚：

a）毁灭、破坏、使之无法使用、藏匿、出售、交易、捐赠或者以其他方式移除该债务人的财产（即使只是部分也不例外）；或者

b）对债权人提出的实际上不存在的权利或者请求。

3．如果实施第 1 款或者第 2 款所指的犯罪具有下列情形之一的，处 6 个月以上 3 年以下监禁：

a）因为其实施造成数额较大的损失的；或者

b）基于特别的动机实施的。

4. 如果因为实施第1款或者第2款所指的犯罪导致数额巨大的损失的，处1年以上5年以下监禁。

5. 如果实施第1款或者第2款所指的犯罪具有下列情形之一的，处3年以上8年以下监禁：

a）因为其实施造成数额特别巨大的损失的；

b）导致他人破产的；或者

c）以更严重的方式实施的。

第240条　偏袒对待债权人罪

1. 不能履行其到期债务的债务人以对部分债权人给予偏袒对待的方法，妨碍（即使只是部分妨碍也不例外）对其他债权人的清偿的，处2年以下监禁。

2. 如果因为实施第1款所指的犯罪导致数额较大的损失的，处6个月以上3年以下监禁。

3. 如果因为实施第1款所指的犯罪导致数额巨大的损失的，处3年以上8年以下监禁。

第241条　在破产程序或者破产和解程序中串通罪

1. 破产债权人因为其对强制和解协议的投票、债权人因为其对和解协议听证的投票或者债权人因为批准重组计划的投票，接受他人给予的财物、其他利益或者将来给予此类利益的许诺的，处6个月以上3年以下监禁。

2. 因为债权人对强制和解协议的投票，实际给予、提议给予、许诺给予该债权人以财物或者其他利益，作为该债权人同意和解协议的回报的，处与第1款规定相同的刑罚。

3. 如果实施第1款或者第2款所指的犯罪具有下列情形之一

的，处3年以上8年以下监禁：

a）基于特别的动机实施的；或者

b）以更严重的方式实施的。

妨碍破产程序或者破产和解程序罪

第242条

1. 以下列手段妨碍破产程序、破产和解程序、破产重组程序或者破产债务清偿程序的，处6个月以上5年以下监禁：

a）不遵守规定这些程序的法律对其所赋予的义务；或者

b）在资产负债表中报告虚假数据。

2. 如果在实施第1款所指的犯罪时具有下列情形之一的，处3年以上10年以下监禁：

a）因为其实施造成数额较大的损失的；

b）基于特别的动机实施的；或者

c）以更严重的方式实施的。

第243条

1. 以下列手段妨碍破产程序的，处2年以下监禁：

a）隐匿属于破产债务人财产的财物；

b）阻止将属于破产债务人财产的财物登记入册和估价；

c）拒绝交出属于破产债务人财产的财物；或者

d）扣留、伪造、毁灭有关该债务人的财产或者金融活动的记录。

2. 如果因为实施第1款所指的犯罪导致数额较大的损失的，处6个月以上5年以下监禁。

3. 如果在实施第1款所指的犯罪时具有下列情形之一的，处3年以上8年以下监禁：

a）因为其实施造成数额巨大的损失的；或者

b）以更严重的方式实施的。

4. 如果第1款所指的犯罪导致数额特别巨大的损失的，处4年以上10年以下监禁。

第244条　违反竞争禁令罪

1. 有义务遵守法律规定的竞争禁令的人，违反有关法律规定的这些禁令，因此对他人造成数额较大的损失的，处6个月以上3年以下监禁。

2. 如果第1款所指的犯罪导致数额巨大的损失的，处2年以上8年以下监禁。

损毁他人财物罪

第245条

1. 对他人财物进行毁灭、破坏或者使之陷入无法使用状态，因此对他人财产造成数额较小的损失的，处1年以下监禁。

2. 如果在实施第1款所指的犯罪时具有下列情形之一的，处6个月以上3年以下监禁：

a）因为其实施造成数额较大的损失的；或者

b）基于特别的动机实施的。

3. 如果在实施第1款所指的犯罪时具有下列情形之一的，处3年以上8年以下监禁：

a）因为其实施造成数额巨大的损失的；

b）针对依据专门的法律予以保护的物品实施的；或者

c）以更严重的方式实施的。

4. 如果在实施第1款所指的犯罪时具有下列情形之一的，处7年以上10年以下监禁：

a）因为其实施造成数额特别巨大的损失的；或者

b）作为危险集团的成员实施的。

第 246 条

1．以颜料或者其他物质在他人财物上进行喷射、涂抹、覆盖的方式损毁他人财产的，处 1 年以下监禁。

2．如果在实施第 1 款所指的犯罪时具有下列情形之一的，处 6 个月以上 3 年以下监禁：

a）因为其实施造成数额较大的损失的；或者

b）基于特别的动机实施的。

3．如果在实施第 1 款所指的犯罪时具有下列情形之一的，处 3 年以上 8 年以下监禁：

a）针对受特别法保护的财物实施的；

b）因为其实施造成数额巨大的损失的；或者

c）以更严重的方式实施的。

4．如果第 1 款所指的犯罪导致数额特别巨大的损失的，处 7 年以上 10 年以下监禁。

第 247 条　损害或者侵害信息记录介质罪

1．出于给他人造成损失、其他损害、为自己或者他人获得不正当利益的目的，在未获得授权的情况下进入他人的计算机系统、信息介质或者它们的组成部分并且具有下列情形之一的，处 6 个月以上 3 年以下监禁：

a）未经许可使用该信息的；

b）非法毁灭、破坏、删除、修改这些信息或者降低其品质的；

c）对计算机硬件或者软件进行未获授权的干预；或者

d）以植入、传输、破坏、删除、降低品质、修改、移除计算机数据的方式妨碍计算机系统运行，或者制造不真实的数据意图使其被视为真实数据或者用于合法用途。

2．出于第1款所指的目的实施下列行为的，处以与第1款规定相同的刑罚：

a）在未获得授权的情况下使用技术设备监控在计算机系统内部或者向外不公开计算机数据传递的；或者

b）获取或者使他人能够得到计算机程序、其他设备、计算机密码、访问码或者类似的能够进入计算机系统或者其某一部分的数据。

3．如果因为实施第1款或者第2款所指的犯罪导致数额巨大的损失的，处1年以上5年以下监禁。

4．如果在实施第1款所指的犯罪时具有下列情形之一的，处3年以上8年以下监禁：

a）因为其实施造成数额特别巨大的损失的；或者

b）作为危险集团的成员实施的。

第248条　滥用财产罪

1．对虽然归其所有但是依据专门条例进行保护的财产或者其组成部分予以毁灭、破坏、使之陷入不能使用状态或者错误放置，对重要的文化利益或者其他重要的公共利益导致损害的，处2年以下监禁。

2．如果因为实施第1款所指的犯罪导致数额较大的损失的，处1年以上5年以下监禁。

3．如果因为实施第1款所指的犯罪导致数额巨大的损失的，处3年以上8年以下监禁。

4．如果因为实施第1款所指的犯罪导致数额特别巨大的损失或者导致其他特别严重后果的，处4年以上10年以下监禁。

第249条　破坏或者贬值文化遗产罪

1．在未获得授权的情况下，在考古遗址进行考古研究或者发掘的，处1年以下监禁。

2. 如果在实施第1款所指的犯罪时具有下列情形之一的，处1年以上5年以下监禁：

a）以更严重的方式实施的；

b）基于特别的动机实施的；或者

c）占有代表考古发现的物品并且导致数额较大的损失的。

3. 如果实施第1款所指的犯罪，占有代表考古发现的物品并且导致数额巨大的损失的，处3年以上8年以下监禁。

4. 如果在实施第1款所指的犯罪时具有下列情形之一的，处5年以上10年以下监禁：

a）占有代表考古发现的物品并且导致数额特别巨大的损失的；

b）作为危险集团的成员实施的；或者

c）在危机状态下实施的。

第五编　经济犯罪

第一章　危害市场经济罪

第 250 条　违反经济竞争规则罪

1．滥用参与经济竞争并且具有下列情形之一的，处 3 年以下监禁：

a）在经济关系中以破坏竞争者声誉的方式进行不正当竞争；或者

b）实施违反有关保护经济竞争的法律的行为，给其他竞争者造成数额巨大的损失或者危害其业务运转的。

2．如果在实施第 1 款所指的犯罪时具有下列情形之一的，处 2 年以上 6 年以下监禁：

a）因为其实施造成数额特别巨大的损失的；

b）因为其实施导致其他竞争者破产的；

c）基于特别的动机实施的；或者

d）以更严重的方式实施的。

第 251 条　非法经营罪

1．非法从事经营活动，规模较小的，处 1 年以下监禁。

2. 如果在实施第 1 款所指的犯罪时具有下列情形之一的，处6个月以上3年以下监禁：

a）以更严重的方式实施的；

b）未经注册登记雇用雇员的；或者

c）为自己获得数额较大的利益的。

3. 如果第1款所指的犯罪导致数额巨大的损失的，处1年以上5年以下监禁。

4. 如果在实施第 1 款所指的犯罪时具有下列情形之一的，处4年以上8年以下监禁：

a）因为其实施造成数额特别巨大的损失的；或者

b）作为危险集团的成员实施的。

第252条 非法买卖外汇或者提供外汇服务罪

1. 在未获授权的情况下买卖外汇或者提供外汇服务，并且具有下列情形之一的，处2年以下监禁：

a）以更严重的方式实施的；

b）较大规模地实施的；或者

c）在过去24个月内曾经因为本罪或者类似犯罪被判决有罪或者在过去12个月内曾经被执行因为此类犯罪被判处的刑罚的。

2. 如果因为实施第1款所指的犯罪为自己获得数额巨大的利益的，处6个月以上5年以下监禁。

3. 如果在实施第 1 款所指的犯罪时具有下列情形之一的，处3年以上8年以下监禁：

a）为自己获得数额特别巨大的利益的；

b）作为危险集团的成员实施的；或者

c）在危机状态下实施的。

第253条 非法生产酒精饮料罪

1. 在无许可证的情况下较大数量地生产酒精饮料，或者对数量较大的在无许可证的情况下所生产的酒精饮料予以持有或者投入流通，如果未构成处罚更重的其他犯罪的，处2年以下监禁。

2. 非法生产或者持有用于生产酒精饮料设备的，处与第1款规定相同的刑罚。

第254条 违反有关与外国之间的商品流通的法规罪

1. 以违反商品的进口、出口、过境的禁止或者限制的手段，范围较大地危及公共利益的，处2年以下监禁。

2. 少缴或者不缴依据《商品进口法》征收的关税或者其他费用，数额较大的，处6个月以上3年以下监禁。

3. 如果第1款或者第2款所指的犯罪是由两个或者两个以上的人共同实施的，处1年以上5年以下监禁：

4. 如果实施第1款或者第2款所指的犯罪具有下列情形之一的，处3年以上8年以下监禁：

a）导致数额巨大的损失或者其他特别严重后果的；或者

b）以更严重的方式实施的。

5. 如果实施第1款或者第2款所指的犯罪具有下列情形之一的，处7年以上12年以下监禁：

a）因为其实施造成数额特别巨大的损失的；或者

b）作为危险集团的成员实施的。

违反管理受监管商品或者技术的规定罪

第255条

1. 违反经营依据专门条例实施监管的商品或者技术的禁令或者限制的，处3年以下监禁。

2. 在无许可证的情况下，出口依据专门条例进行监管的商品或者技术，或者将其转让给外国、在外国有注册办事处的组织或者外国代理人的，处3年以上8年以下监禁。

第256条

1. 违背或者不履行基于其工作、职业、职位、职责所产生的重要义务，因此导致非法签发经营依据专门条例实施监管的商品或者技术的许可证、准许这些商品或者技术逃避登记的，处3年以下监禁。

2. 如果在实施第1款所指的犯罪时具有下列情形之一的，处6个月以上5年以下监禁：

a）导致这些商品被出口到国外的；

b）因为其实施造成数额巨大的损失的；或者

c）意图获得数额巨大的利益的。

3. 如果在实施第1款所指的犯罪时具有下列情形之一的，处4年以上8年以下监禁：

a）因为其实施造成数额特别巨大的损失的；

b）意图获得数额特别巨大的利益的；或者

c）作为危险集团的成员实施的。

第257条

1. 基于虚假或者不完整的信息获取依据专门条例负责监管特定商品或者技术的机关所要求的文书的，处2年以下监禁。

2. 对用于保存与依据专门条例进行监管的商品或者技术有关记录的文书进行毁灭、破坏、使之无法使用、隐匿，或者不保存这些记录，或者对用于保存与这些商品、技术有关的记录的计算机硬件、软件进行干扰的，处以与第1款规定相同的刑罚。

第 258 条　危害外汇交易罪

1. 在被赋予存款义务[①]或者实施外汇交易紧急状态期间，以违反外汇条例的方式危害外汇交易，规模较小的，处 6 个月以上 3 年以下监禁。

2. 如果在实施第 1 款所指的犯罪时具有下列情形之一的，处 2 年以上 6 年以下监禁：

a）因为其实施造成数额巨大的损失的；或者

b）以更严重的方式实施的。

3. 如果在实施第 1 款所指的犯罪时具有下列情形之一的，处 4 年以上 10 年以下监禁：

a）因为其实施造成数额特别巨大的损失的；

b）作为危险集团的成员实施的；或者

c）在危机状态下实施的。

第二章　违反经济纪律罪

歪曲有关经营和财产状况的资料罪

第 259 条

1. 在用于下列目的的报表、报告、计算机输入数据或者其他文书中提供虚假、严重歪曲的信息、隐瞒与重要事实有关的法定信息的，处 6 个月以上 3 年以下监禁：

① 是指被决定赋予只能将其外汇存入指定银行等义务期间。——译者注

a）统计核验，意图为自己或者他人获取不正当利益；

b）员工工作记录，意图为自己或者他人获取不正当利益；

c）对会计记录的管理；

d）对使用来自于国家预算、公共机构预算、国家基金预算、自治地区预算或者市政当局预算的补助、津贴或者其他拨款的管理；

e）确定被转让或者让与他人的财产价值或者证券价格；

f）破产、破产和解、破产重组或者债务清偿；或者

g）进行公司登记、土地登记、机动车登记或者专门条例规定的其他登记。

2. 出于与第1款所指的目的，实施下列行为之一的，处以与第1款规定相同的刑罚：

a）干预计算机硬件或者软件；或者

b）对第1款所指的记录进行毁灭、破坏、使之陷入无法使用状态或者不予以保存的。

3. 如果实施第1款或者第2款所指的犯罪具有下列情形之一的，处3年以上8年以下监禁：

a）因为其实施造成数额巨大的损失的；

b）以更严重的方式实施的；或者

c）基于特别的动机实施的。

4. 如果实施第1款或者第2款所指的犯罪具有下列情形之一的，处5年以上12年以下监禁：

a）因为其实施造成数额特别巨大的损失的；或者

b）对斯洛伐克共和国的经济运行造成特别严重的干扰或者造成其他特别严重后果的。

第260条

过失地实施第259条第1款（a项和b项除外）规定的歪曲

有关经营和财产状况资料的行为，因此导致数额特别巨大的损失的，处3年以上8年以下监禁。

损害欧盟财政利益罪

第261条

1. 使用或者提交与欧盟总预算、由欧盟亲自管理或者以欧盟名义管理的预算有关的虚假的、不正确的、不完整的陈述或者文书，或者不提供规定的信息，或者将来自于这些预算的资金用于非本来用途，并因此让上述预算资金被侵占或者被扣留的，处6个月以上3年以下监禁。

2. 如果在实施第1款所指的犯罪时具有下列情形之一的，处1年以上5年以下监禁：

a）因为其实施造成数额较大的损失的；

b）基于特别的动机实施的；或者

c）以更严重的方式实施的。

3. 如果第1款所指的犯罪导致数额巨大的损失的，处3年以上8年以下监禁。

4. 如果在实施第1款所指的犯罪时具有下列情形之一的，处7年以上12年以下监禁：

a）因为其实施造成数额特别巨大的损失的；或者

b）作为危险集团的成员实施的。

第262条

1. 在对下属的管理或者监督中，违反或者不履行基于其工作、职业、职位、职权所产生的义务，因此使第261条第1款规定的犯罪能够实施的，处2年以下监禁。

2. 如果第1款所指的犯罪导致数额巨大的损失的，处1年以上3年以下监禁。

3. 如果第1款所指的犯罪导致数额特别巨大的损失的，处1年以上5年以下监禁。

第263条

1. 实施第261条第1款所指的行为过失地损害欧盟的财政利益的，处1年以下监禁。

2. 如果第1款所指的犯罪导致数额巨大的损失的，处1年以上3年以下监禁。

第264条 危害商业、银行、邮政、电信、税收秘密罪

1. 获取属于商业秘密、银行秘密、邮政秘密、电信秘密、税收秘密的信息，意图向无权知悉者泄露，或者故意地向无权知悉者泄露这些秘密的，处6个月以上3年以下监禁。

2. 如果在实施第1款所指的犯罪时具有下列情形之一的，处3年以上8年以下监禁：

a）因为其实施造成数额较大的损失的；

b）基于特别的动机实施的；或者

c）以更严重的方式实施的。

3. 如果在实施第1款所指的犯罪时具有下列情形之一的，处7年以上12年以下监禁：

a）因为其实施造成数额特别巨大的损失的；

b）作为危险集团的成员实施的；或者

c）在危机状态下实施的。

第265条 内幕交易罪

1. 不正当使用因为其工作、职业、职位、职权所获得的尚未公开的并且其泄露可能会对商业交易决策产生重大影响的信息，亲自或者指使他人在有组织的证券、商品交易市场上订立合约或者进行操作的，处3年以下监禁。

2. 在两家或者两家以上业务相同或者相似的企业或者法人担任雇员、法人机关成员、合作人、承办人、业务参与人的人，出于第1款所指的目的，亲自或者指使他人订立对这些企业或者法人中的一方或者多方造成损害的合约的，处以与第1款规定相同的刑罚。

3. 如果实施第1款或者第2款所指的犯罪具有下列情形之一的，处3年以上8年以下监禁：

a）因为其实施造成数额较大的损失的；

b）基于特别的动机实施的；或者

c）以更严重的方式实施的。

4. 如果实施第1款或者第2款所指的犯罪具有下列情形之一的，处7年以上12年以下监禁：

a）因为其实施造成数额特别巨大的损失的；或者

b）作为危险集团的成员实施的。

在公开采购或者公开拍卖中串通罪

第266条

1. 与公开采购或者公开拍卖的授予有关的人，出于对他人造成损害或者获取利益的目的，违反具有普适效力的规定公开采购或者公开拍卖的条例，给予部分供应商或者竞拍人以优先权或者其他优待条件，损害其他供应商或者竞拍人利益的，处6个月以上3年以下监禁。

2. 如果在实施第1款所指的犯罪时具有下列情形之一的，处2年以上8年以下监禁：

a）因为其实施造成数额巨大的损失的；

b）基于特别的动机实施的；

c）由公开招标或者公开拍卖的宣布人、组织人、私有化委员会成员或者拍卖人实施的；

d）要求给予、接受给予财产或者其他利益，或者接受给予这种利益的许诺的；或者

e）以更严重的方式实施的。

3. 如果在实施第1款所指的犯罪时具有下列情形之一的，处7年以上12年以下监禁：

a）因为其实施造成数额特别巨大的损失的；或者

b）作为危险集团的成员实施的。

第267条

以下列手段针对公开采购实施串通行为的，处1年以上5年以下监禁：

a）以更严重的方式强迫他人不参加公开采购的；

b）实际给予、提议给予、许诺给予他人以财物或者其他利益作为不参加公开采购的交换的；或者

c）要求或者接受他人给予财物或者其他利益作为不参加公开采购的交换的。

第268条

以下列手段针对公开拍卖实施串通行为的，处1年以上5年以下监禁：

a）以更严重的方式强迫他人在公开拍卖中不提出竞拍请求的；

b）实际给予、提议给予、许诺给予他人以财物或者其他利益作为在公开拍卖中不提出竞拍请求的交换的；或者

c）要求或者接受他人给予财物或者其他利益作为在公开拍卖中不提出竞拍请求的交换的。

第269条　损害消费者罪

1. 以下列方式损害消费者，因此对其造成数额较小的损失的，处6个月以上3年以下监禁：

a）在商品的质量、数量、重量或者所提供服务的种类、质量、数量上欺骗消费者；或者

b）在隐瞒重大瑕疵的情况下，将商品、劳动、服务投入市场的；或者

c）作为获得销售者授权的人，超出具有普适效力的条例或者以之为根据所作出的决定规定的价格限度确定商品或者服务的报价的。

2. 如果在实施第1款所指的犯罪时具有下列情形之一的，处3年以上8年以下监禁：

a）获得数额较大的利益的；

b）以更严重的方式实施的；或者

c）在过去24个月内曾经因为本罪被判决有罪或者被执行过因为本罪所判处监禁刑罚的。

3. 如果因为实施第1款所指的犯罪获得数额巨大的利益或者导致商品供应混乱的，处4年以上10年以下监禁。

4. 如果因为实施第1款所指的犯罪获得数额特别巨大的利益的，处7年以上12年以下监禁。

第269条A　针对消费者实施不公平交易罪

1. 以实施被专门的消费者保护条例视为不公平的经营活动的方式侵犯消费者的权利，并且具有下列情形之一的，处6个月以上3年以下监禁：

a）在过去24个月内曾经因为本罪被判决有罪或者被执行过因为本罪所判处监禁刑的；或者

b）在过去24个月内曾经被执行过因为类似犯罪所判处监禁刑的。

2．在过去24个月内曾经被执行过因为本罪所判处的刑罚的人，以指示他人实施第1款所指的经营活动的方式侵犯消费者权利的，处以与第1款规定相同的刑罚。

第三章 货币和税收犯罪

第270条 伪造、变造、非法制造货币或者证券罪

1．为自己或者他人获取伪造的、变造的、非法制造的货币或者证券，或者持有此种货币或者证券的，处3年以上8年以下监禁。

2．伪造、变造、非法制造货币或者证券，或者将伪造的、变造的或者非法制造的货币，或者出于作为真实的、超出实际面值的货币、证券使用的目的伪造、变造、非法制造货币或者证券，或者将伪造的、变造的或者非法制造的货币或者证券作为真实的货币或者证券使用的，处7年以上10年以下监禁。

3．如果实施第1款或者第2款所指的犯罪具有下列情形之一的，处10年以上15年以下监禁：

a）以更严重的方式实施的；或者

b）规模较大地实施的。

4．如果实施第1款或者第2款所指的犯罪具有下列情形之一的，处12年以上20年以下监禁：

a）作为危险集团的成员实施的；或者

b）规模特别巨大地实施的。

第 271 条　流通伪造、变造、非法制造的货币或者证券罪

1. 出于投入流通的目的，进口、出口、运输、接受、获取伪造的、变造的、非法制造的货币或者证券的，处 7 年以上 10 年以下监禁。

2. 将被当做真实货币接受支付的伪造的、变造的或者非法制造的货币作为真实的货币投入流通的，处 2 年以下监禁。

3. 将伪造的、变造的或者非法制造的证券作为真实的证券投入流通的，处以与第 2 款规定相同的刑罚。

第 272 条　制作或者持有用于伪造或者变造的设备罪

1. 制作，为自己或者他人获取，持有用于伪造、变造货币、货币防伪特征、证券、公文、官方的封条或者标志的器具、其他物品或者计算机程序的，处 3 年以下监禁。

2. 如果在与从事其职业有关的情况下实施第 1 款所指的犯罪的，处 1 年以上 5 年以下监禁。

第 273 条　危害本国货币流通罪

无正当理由拒绝接受本国货币或者损毁本国货币的，处 6 个月以下监禁。

第 274 条　伪造、变造、非法制造印花税票、邮票、邮资贴纸或者邮戳罪

1. 伪造、变造、非法制造印花税票、本国或者外国的邮票（包括已经退出流通的邮票）、邮资贴纸或者邮戳，意图对他人造成损害或者为自己、他人获取不正当利益，或者将这些印花税票、邮票、邮资贴纸、邮戳投入流通或者作为真品使用的，处 1 年以下监禁。

2. 如果在实施第 1 款所指的犯罪时具有下列情形之一的，处 6 个月以上 5 年以下监禁：

a）为自己获得数额较大的利益的；

b）基于特别的动机实施的；或者

c）以更严重的方式实施的。

3. 如果在实施第 1 款所指的犯罪时具有下列情形之一的，处 4 年以上 8 年以下监禁：

a）为自己获得数额特别巨大的利益的；或者

b）作为危险集团的成员实施的。

第 275 条 伪造或者变造用作商品标签的技术监督措施罪

1. 伪造或者变造出于税收目的或者具有普适效力的条例规定的其他目的而设计用于标签商品的控制标志、控制条或者其他技术控制措施，意图对他人造成损害或者为自己或者他人获取不正当利益，或者将这些控制标志投入流通、作为真品使用或者予以持有的，处 1 年以下监禁。

2. 如果在实施第 1 款所指的犯罪时具有下列情形之一的，处 6 个月以上 5 年以下监禁：

a）为自己获得数额较大的利益的；

b）基于特别的动机实施的；或者

c）以更严重的方式实施的。

3. 如果在实施第 1 款所指的犯罪时具有下列情形之一的，处 4 年以上 8 年以下监禁：

a）为自己获得数额特别巨大的利益的；或者

b）作为危险集团的成员实施的。

第 276 条 少缴税款或者保险费罪

1. 少缴税款、社会保险基金缴费、国家健康保险基金缴费或者养老金基金缴费，规模较小的，处1年以上5年以下监禁。

2. 如果在实施第1款所指的犯罪时具有下列情形之一的，处3年以上8年以下监禁：

a）曾经因为本罪被判决有罪的；

b）以侵犯公章的方式为本罪实施提供便利的；

c）以更严重的方式实施的；或者

d）规模较大地实施的。

3. 如果规模巨大地实施第1款所指的犯罪的，处4年以上10年以下监禁。

4. 如果规模特别巨大地实施第1款所指的犯罪的，处7年以上12年以下监禁。

第277条　不解缴税款或者保险费罪

1. 将依法代扣或者代收的应缴税款、社会保险基金缴费、国家健康保险基金缴费或者养老金基金缴费扣留并且不解缴给规定的受益权人，或者出于为自己或者他人获取不正当利益的目的非法提出增值税或者消费税退税请求，规模较小的，处1年以上5年以下监禁。

2. 如果在实施第1款所指的犯罪时具有下列情形之一的，处3年以上8年以下监禁：

a）以更严重的方式实施的；或者

b）规模较大地实施的。

3. 如果第1款所指的犯罪导致数额巨大的损失的，处4年以上10年以下监禁。

4. 如果规模特别巨大地实施第1款所指的犯罪的，处7年以上12年以下监禁。

第 278 条 不缴纳税款罪

1. 不缴纳应缴税款的，处 3 年以下监禁。

2. 如果规模巨大地实施第 1 款所指的犯罪的，处 1 年以上 5 年以下监禁。

3. 如果规模特别巨大地实施第 1 款所指的犯罪的，处 3 年以上 8 年以下监禁。

第 279 条 违反国家有关商品标签技术措施的规定罪

1. 出于给他人造成损失或者为自己或者他人获取不正当利益的目的，以非法使用出于税收目的或者其他法定目的而设计用于标签商品的控制标志、控制条或者其他技术控制措施，违反具有普适效力的条例，或者以进口、出口、运输、交运、分销、持有不带有出于税收目的或者其他法定目的而设计用于标签商品的控制标志、控制条或者其他技术控制措施的商品的，处 6 个月以上 3 年以下监禁。

2. 如果在实施第 1 款所指的犯罪时具有下列情形之一的，处 1 年以上 5 年以下监禁：

a）因为其实施造成数额较大的损失的；

b）基于特别的动机实施的；或者

c）以更严重的方式实施的。

3. 如果在实施第 1 款所指的犯罪时具有下列情形之一的，处 3 年以上 8 年以下监禁：

a）因为其实施造成数额特别巨大的损失的；或者

b）作为危险集团的成员实施的。

第 280 条 共同规定

本章条款规定的保护，除了适用于正在流通的货币之外，还适用于处于规定的兑换期内的退出流通货币、在犯罪时尚未发行但计划投入流通的货币以及外国货币（包括欧元）和外国证券（包括大量发行的记名的或者可以背书转让的外国证券）。

第四章 侵犯工业产权和著作权罪

第 281 条 侵犯商标、注册原产地名称或者商号权利罪

1. 流通非法使用与他人享有专有使用权的商标相同或者容易混淆标志的商品，或者提供非法使用与他人享有专有使用权的商标相同或者容易混淆标志的服务的，处 3 年以下监禁。

2. 意图获取经济利益实施下列行为的，处以第 1 款规定相同的刑罚：

a）流通非法使用与他人享有专有使用权的原产地标志或者地理标志相同或者容易混淆标志的商品；或者

b）非法使用与法人或者自然人的商号或者姓名相同或者容易混淆的商号或者任何其他标志的。

3. 如果实施第 1 款或者第 2 款所指的犯罪具有下列情形之一的，处 1 年以上 5 年以下监禁：

a）因为其实施造成数额巨大的损失的；

b）基于特别的动机实施的；或者

c）以更严重的方式实施的。

4. 如果实施第 1 款或者第 2 款所指的犯罪具有下列情形之一的，处 3 年以上 8 年以下监禁：

a）因为其实施造成数额特别巨大的损失的；或者

b）作为危险集团的成员实施的。

第282条 侵犯工业产权罪

1. 非法侵犯专利、实用新型、设计、半导体产品拓扑图或者注册动植物品种的权利的，处3年以下监禁。

2. 如果在实施第1款所指的犯罪时具有下列情形之一的，处1年以上5年以下监禁：

a）因为其实施造成数额巨大的损失的；或者

b）以更严重的方式实施的。

3. 如果在实施第1款所指的犯罪时具有下列情形之一的，处3年以上8年以下监禁：

a）因为其实施造成数额特别巨大的损失的；或者

b）作为危险集团的成员实施的。

第283条 侵犯著作权罪

1. 非法侵犯受法律保护的作品、艺术表演、录音录像制品、广播电视节目或者数据库的著作权的，处2年以下监禁。

2. 如果在实施第1款所指的犯罪时具有下列情形之一的，处6个月以上3年以下监禁：

a）因为其实施造成数额较大的损失的；

b）以更严重的方式实施的；

c）基于特别的动机实施的；或者

d）利用计算机系统实施的。

3. 如果第1款所指的犯罪导致数额巨大的损失的，处1年以上5年以下监禁。

4. 如果在实施第1款所指的犯罪时具有下列情形之一的，处3年以上8年以下监禁：

a）因为其实施造成数额特别巨大的损失的；或者

b）作为危险集团的成员实施的。

第六编　危害公共安全和环境罪

第一章　危害公共安全罪

危害公共安全罪

第 284 条

1. 故意地实施下列行为的，处 4 年以上 10 年以下监禁：

a）以导致火灾、水灾、公共交通工具的故障或者事故，爆炸物、天然气、电力、放射物质或者类似的其他危险物质或者力量的危害结果的方式，使人们面临死亡、重伤危险或者使他人财产面临遭受数额特别巨大损失之危险，或者实施任何其他类似的公共危险行为；或者

b）增大公共危险，或者妨碍对公共危险进行预防或者减轻努力的。

2. 如果在实施第 1 款所指的犯罪时具有下列情形之一的，处 10 年以上 15 年以下监禁：

a）以更严重的方式实施的；

b）针对受保护人实施的；

c）基于特别的动机实施的；或者

d）意图阻止或者妨碍他人行使基本权利和自由的。

3. 如果在实施第1款所指的犯罪时具有下列情形之一的，处15年以上20年以下监禁：

a）因为其实施导致他人重伤或者死亡的；或者

b）作为危险集团的成员实施的。

4. 如果在实施第1款所指的犯罪时具有下列情形之一的，处20年以上25年以下监禁或者终身监禁：

a）因为其实施导致数人重伤或者死亡的；或者

b）在危机状态下实施的。

第285条

1. 过失地导致或者增大公共危险，或者过失地妨碍对公共危险进行预防或者减轻努力的，处1年以下监禁。

2. 如果以更严重的方式实施第1款所指的犯罪的，处6个月以上3年以下监禁。

3. 如果因为实施第1款所指的犯罪造成下列后果的，处2年以上5年以下监禁：

a）数额巨大的损失；或者

b）致人重伤或者死亡的。

4. 如果因为实施第1款所指的犯罪导致数人重伤或者死亡的，处4年以上10年以下监禁。

破坏或者危害公用设施运行罪

第286条

1. 故意地危害下列设施运行的，处1年以上5年以下监禁：

a）公共电信设施、公共邮政网络、公共交通工具，或者对表示禁止或者命令的立体交通标志予以移除或者使之陷入无法使用的状态；

b）用于防止污染物质泄漏的设施；

c）发电设施或者公共供水、污水系统；

d）用于防护火灾、水灾或者其他紧急事件的公用设施；

e）海底电缆或者海底管线；

f）针对空袭、类似袭击及其后果的国防设施或者保护设施；

g）林业建筑或者设备；或者

h）其他类似的公用事业设施。

2. 如果在实施第1款所指的犯罪时具有下列情形之一的，处4年以上8年以下监禁：

a）造成公用设施的运行故障；或者

b）在危机状态下实施的。

第287条

对明显标示的天文地理网络点、基本水平点或者重力点，故意地予以破坏或者使之陷入无法使用状态的，处1年以下监禁。

第288条

过失地危害第286条规定的公用设施（表示禁止或者命令的立体交通标志除外）运行的，处6个月以下监禁。

第289条　在致瘾物质作用下导致危险罪

1. 在其自愿导致的因为吸食致瘾物质所致的无力从事这些活动的状况下，从事可能危及他人的生命、健康或者导致他人数额巨大财产损失的工作或者其他活动，并且具有下列情形之一的，处1年以下监禁：

a）在过去24个月内曾经因为本罪受到有罪判决或者执行因为本罪所被判处的监禁刑；

b）在过去24个月内曾经被执行因为在致瘾物质作用下实施

的类似犯罪所判处的刑罚；或者

c）对他人造成（甚至可以是基于过失）伤害或者数额较大的财产损失。

2. 如果在其自愿导致的因为吸食致瘾物质所致的条件下，从事可能危及他人的生命、健康或者导致他人数额巨大的财产损失的特别危险的工作或者其他活动（尤其是驾驶公共交通工具）的，处1年以上5年以下监禁。

第290条 违反紧急危险状态义务罪

1. 在无正当理由的情况下以下列方式组织或者妨碍对一群人所直接面临的紧急危险状态的预防或者减轻的，处2年以下监禁：

a）在依法由义务提供或者被请求提供的情况下拒绝提供帮助的；或者

b）妨碍他人提供此种援助的。

2. 如果在实施第1款所指的犯罪时具有下列情形之一的，处6个月以上5年以下监禁：

a）以更严重的方式实施的；

b）针对受保护人实施的；

c）基于特别的动机实施的；或者

d）是行为人自己有过错地引起该迫近的危险状态的。

3. 如果在实施第1款所指的犯罪时具有下列情形之一的，处3年以上8年以下监禁：

a）因为其实施导致他人重伤或者死亡的；或者

b）在危机状态下实施的。

危害航空器或者船舶安全罪

第 291 条

1. 在航空器或者船舶上的人，以下列手段意图夺取或者行使对该航空器或者船舶控制的，处 10 年以上 15 年以下监禁：

a）针对他人实施暴力或者即刻实施暴力的威胁；

b）针对他人实施以造成死亡、身体伤害或者造成数额特别巨大损失为内容的威胁；或者

c）利用他人无自卫能力。

2. 如果在实施第 1 款所指的犯罪时具有下列情形之一的，处 15 年以上 20 年以下监禁：

a）因为其实施导致他人重伤或者死亡的；或者

b）以更严重的方式实施的。

3. 如果在实施第 1 款所指的犯罪时具有下列情形之一的，处 20 年以上 25 年以下监禁或者终身监禁：

a）导致数人重伤或者死亡的；

b）作为危险集团的成员实施的；或者

c）在危机状态下实施的。

第 292 条

提供可能危及飞行中的航空器或者航行中的船舶的安全或者运行的虚假信息的，处 3 年以下监禁。

第 293 条　使航空器非法出境罪

1. 在未获合法授权的情况下控制或者使用所被托付航空器，意图使该航空器非法出境的，处 7 年以上 15 年以下监禁。

2. 如果第 1 款所指的行为致人死亡的，处 15 年以上 25 年以下监禁或者终身监禁。

未经许可获取、持有、交易武器罪

第 294 条

1. 为自己或者他人制造、进口、出口、过境、运输、获取、持有没有许可证的弹药，或者在这些活动中实施经纪行为的，处 1 年以上 5 年以下监禁。

2. 为自己或者他人制造、进口、出口、过境、运输、获取、持有没有许可证或者没有对斯洛伐克共和国有约束力的国际条约所要求具备的识别标志的枪支及其部件，或者在这些活动中实施经纪行为的，处 3 年以上 8 年以下监禁。

3. 对斯洛伐克共和国有约束力的国际条约所要求具备的用于识别和监督的识别标志予以伪造、非法涂销、移除或者以其他方式变更的，适用与第 2 款规定相同的刑罚。

4. 如果在实施第 1 款、第 2 款或者第 3 款所指的犯罪时具有下列情形之一的，处 4 年以上 10 年以下监禁：

a）以更严重的方式实施的；

b）基于特别的动机实施的；或者

c）规模较大地实施的。

5. 如果在实施第 1 款、第 2 款或者第 3 款所指的犯罪时具有下列情形之一的，处 8 年以上 15 年以下监禁：

a）作为危险集团的成员实施的；

b）规模特别巨大地实施的；或者

c）在危机状态下实施的。

第 295 条

1. 无许可证实施下列行为的，处 3 年以上 8 年以下监禁：

a）为自己或者他人制造、进口、出口、过境、运输、获取、持有大规模杀伤性武器及其部件；

b）积聚枪支、大规模杀伤性武器、弹药或者炸药；或者

c）在 a 项或者 b 项所指的活动中实施经纪行为的。

2. 如果行为人具有下列情形之一的，处以与第 1 款规定相同的刑罚：

a）为自己或者他人研发、制造、进口、出口、过境、运输、获取、持有、储存或者使用杀伤性地雷的；或者

b）建造用于生产化学武器的工程或者设施。

3. 如果实施第 1 款或者第 2 款所指的犯罪具有下列情形之一的，处 7 年以上 10 年以下监禁：

a）以更严重的方式实施的；

b）基于特别的动机实施的；或者

c）规模较大地实施的。

4. 如果实施第 1 款或者第 2 款所指的犯罪具有下列情形之一的，处 10 年以上 15 年以下监禁：

a）作为危险集团的成员实施的；或者

b）规模较大地实施的。

5. 如果实施第 1 款或者第 2 款所指的犯罪具有下列情形之一的，处 15 年以上 20 年以下监禁：

a）规模特别巨大地实施的；或者

b）在危机状态下实施的。

第 296 条　建立、操纵、支持犯罪集团罪

建立或者操纵犯罪集团，或者积极参加该犯罪集团作为成员，或者积极地支持该犯罪集团的，处 5 年以上 10 年以下监禁。

第 297 条　建立、操纵、支持恐怖主义集团罪

建立或者操纵恐怖主义集团，或者积极参加该恐怖主义集团作为成员，或者积极地支持该恐怖主义集团的，处 8 年以上 15 年

以下监禁。

非法制造或者持有核材料、放射物质、高危化学品、高危生物战剂或者毒素罪

第298条

1. 在无许可证的情况下，制造、进口、出口、过境、购买、出售、交换、变造、交运、以其他方式为自己或者他人获取、持有核材料、其他类似放射物质、高危化学品、高危生物战剂或者毒素以及用于制造这些物质的设备的，处1年以上5年以下监禁。

2. 如果在实施第1款所指的犯罪时具有下列情形之一的，处3年以上10年以下监禁：

a）以更严重的方式实施的；或者

b）基于特别的动机实施的。

3. 如果在实施第1款所指的犯罪时具有下列情形之一的，处10年以上20年以下监禁：

a）因为其实施导致他人重伤或者死亡的；

b）获得数额巨大的利益的；或者

c）作为危险集团的成员实施的。

4. 如果在实施第1款所指的犯罪时具有下列情形之一的，处20年以上25年以下监禁或者终身监禁：

a）因为其实施导致数人重伤或者死亡的；

b）获得数额特别巨大的利益的；或者

c）在危机状态下实施的。

第299条

1. 制造、为自己或者他人获取、持有用于非法制造核材料、其他类似放射物质、高危化学品、高危生物战剂或者毒素的物品的设备的，处1年以上5年以下监禁。

2. 如果因为实施第 1 款所指的犯罪为自己或者他人获得数额较大的利益的，处 3 年以上 8 年以下监禁。

3. 如果因为实施第 1 款所指的犯罪为自己或者他人获得数额巨大的利益的，处 4 年以上 10 年以下监禁。

4. 如果因为实施第 1 款所指的犯罪为自己或者他人获得数额特别巨大的利益的，处 10 年以上 15 年以下监禁。

第二章　危害环境罪

危害或者破坏环境罪

第 300 条

1. 以违反具有普适效力有关环境保护或者自然资源（包括自然治疗资源和矿泉水自然资源）保护和管理的条例的方式，故意地导致较小的环境损害的，处 3 年以下监禁。

2. 在保护区内非法构建任何建筑物的，处 1 年以上 5 年以下监禁。

3. 如果在实施第 1 款所指的犯罪时具有下列情形之一的，处以与第 2 款规定相同的刑罚：

a）以更严重的方式实施的；或者

b）在保护区（包括自然药物资源保护区和矿泉水自然资源保护区）内实施的。

4. 如果因为实施第 1 款所指的犯罪导致巨大的环境损失的，处 3 年以上 8 年以下监禁。

5. 如果因为实施第1款所指的犯罪导致特别巨大的环境损失的，处4年以上10年以下监禁。

第301条

1. 以违反具有普适效力的有关环境保护或者自然资源（包括自然治疗资源和矿泉水自然资源）保护和管理的条例的方式，过失地导致较大的环境损害的，处1年以下监禁。

2. 如果在保护区（包括自然药物资源保护区和矿泉水自然资源保护区）内实施第1款所指的犯罪的，处3年以下监禁。

3. 如果第1款所指的犯罪导致数额巨大的损失的，处以与第2款规定相同的刑罚。

4. 如果第1款所指的犯罪导致数额特别巨大的损失的，处3年以上8年以下监禁。

第302条　非法处置废物罪

1. 违反具有普适效力的条例处置废物的，处2年以下监禁。

2. 如果规模较大地实施第1款所指的犯罪的，处6个月以上3年以下监禁。

3. 如果规模巨大地实施第1款所指的犯罪的，处1年以上5年以下监禁。

4. 如果规模特别巨大地实施第1款所指的犯罪的，处3年以上8年以下监禁。

违反水和空气保护规定罪

第303条

1. 违反具有普适效力的有关水体或者空气保护的条例，并且致使地表水或者地下水的水质或者空气质量恶化导致数额巨大的损失的，处1年以上5年以下监禁。

2. 如果第1款所指的犯罪导致数额特别巨大的损失的，处3

年以上8年以下监禁。

第304条

1. 过失地违反具有普适效力的有关水体或者空气保护的条例，并且致使地表水或者地下水的水质或者空气质量紧急恶化导致数额巨大的损失的，处6个月以上3年以下监禁。

2. 如果第1款所指的犯罪导致数额特别巨大的损失的，处1年以上5年以下监禁。

第305条　违反动植物保护规定罪

1. 违反具有普适效力的有关自然和景观保护的条例或者具有普适效力的有关管理受保护动植物标本交易的条例，较大规模地实施下列行为的，处2年以下监禁：

a）破坏、毁灭、拔根、挖掘、采摘受保护植物，或者破坏或者毁灭其产地；

b）杀死、伤害、捕捉、迁移受保护动物，或者破坏或者毁灭其群落生境、栖息地；

c）破坏、毁灭、砍伐树木或者灌木；或者

d）危害受保护的动物物种或者植物物种。

2. 违反具有普适效力的有关自然和景观保护的条例或者具有普适效力的有关森林管理的条例，非法在林地或者农地中驾驶汽车、机动三轮摩托车、机动四轮摩托车、摩托车或者轻型摩托车的，处1年以下监禁。

3. 违反具有普适效力的有关自然和景观保护的条例或者具有普适效力的有关管理受保护动植物标本交易的条例，较大规模地实施下列行为的，处6个月以上3年以下监禁：

a）为自己或者为他人获取受保护动物、受保护植物，或者较大规模地为他人获取受保护动植物的标本；

b）种植、饲养、加工、进口、出口、贩卖或者以其他方式处分受保护动植物或者受保护动植物的标本；或者

c）故意移除、伪造、变造或者以其他方式非法使用受保护动植物的唯一识别标志。

4. 如果在实施第 1 款、第 2 款或者第 3 款所指的犯罪时具有下列情形之一的，处 1 年以上 5 年以下监禁：

a）以更严重的方式实施的；

b）基于特别的动机实施的；

c）规模巨大地实施的；

d）意图为自己或者他人获得数额巨大的利益的；或者

e）在过去 24 个月内曾经因为本罪被判决有罪或者曾经在过去 24 个月内因为类似犯罪被执行刑罚的。

5. 如果在实施第 1 款、第 2 款或者第 3 款所指的犯罪时具有下列情形之一的，处 3 年以上 8 年以下监禁：

a）作为危险集团的成员实施的；

b）规模特别巨大地实施的；或者

c）意图为自己或者他人获得数额特别巨大的利益的。

第 306 条　违反树木和灌木保护规定罪

1. 违反具有普适效力的有关森林管理的条例，较大规模地破坏、毁灭、砍伐树木或者灌木的，处 3 年以下监禁。

2. 如果在实施第 1 款所指的犯罪时具有下列情形之一的，处 1 年以上 5 年以下监禁：

a）规模巨大地实施的；或者

b）在过去 24 个月内曾经因为本罪被判决有罪或者曾经在过去 24 个月内因为类似犯罪被执行刑罚的。

3. 如果在实施第 1 款所指的犯罪时具有下列情形之一的，

处3年以上8年以下监禁：

a）作为危险集团的成员实施的；或者

b）规模特别巨大地实施的。

传播动物或者植物传染病罪

第307条

1. 导致（即使出于过失也不例外）家畜或者具有经济价值的其他动物的传染病传入或扩散危险的，处1年以下监禁。

2. 如果在实施第1款所指的犯罪时具有下列情形之一的，处6个月以上3年以下监禁：

a）因为其实施造成数额较大的损失的；

b）导致这些疾病传播的；或者

c）以更严重的方式实施的。

3. 如果第1款所指的犯罪导致数额巨大的损失的，处1年以上5年以下监禁。

第308条

1. 导致（即使出于过失也不例外）危害有用植物的传染病或者害虫传入或扩散危险的，处1年以下监禁。

2. 如果在实施第1款所指的犯罪时具有下列情形之一的，处6个月以上3年以下监禁：

a）导致这些疾病或者害虫传播的；或者

b）以更严重的方式实施的。

3. 如果第1款所指的犯罪导致数额巨大的损失的，处1年以上5年以下监禁。

第309条　扩散基因被修改的有机体罪

1. 违反具有普适效力的有关使用基因技术的条例，导致基因被修改的有机体从密闭设施中逸出或者基因被修改的有机体释放到环境中，可能对人类或者环境构成威胁的，处 3 年以下监禁。

2. 如果在实施第 1 款所指的犯罪时具有下列情形之一的，处 1 年以上 5 年以下监禁：

a）因为其实施造成数额较大的损失的；

b）基于特别的动机实施的；或者

c）以更严重的方式实施的。

3. 如果在实施第 1 款所指的犯罪时具有下列情形之一的，处 4 年以上 10 年以下监禁：

a）因为其实施导致巨大的环境损失的；或者

b）因为其实施导致他人重伤或者死亡的。

4. 如果在实施第 1 款所指的犯罪时具有下列情形之一的，处 10 年以上 20 年以下监禁：

a）因为其实施导致数人重伤或者死亡的；或者

b）在危机状态下实施的。

第 310 条　非法猎捕罪

1. 违反狩猎条例或者捕捞条例，在未获许可的情况下从事狩猎或者捕捞，在禁猎期、禁渔期、以禁用的方式从事狩猎或者捕捞，对非法捕猎、捕捞的猎物或者鱼类予以藏匿、持有、自己接受转让或者转让给他人的，处 2 年以下监禁。

2. 如果在实施第 1 款所指的犯罪时具有下列情形之一的，处 6 个月以上 3 年以下监禁：

a）以大规模杀伤或者值得谴责的方式实施的；

b）规模较大地实施的；或者

c）被赋予保护环境的特别义务的人实施的。

3. 如果在实施第 1 款所指的犯罪时具有下列情形之一的，

处 1 年以上 5 年以下监禁：

a）曾经因为本罪被判决有罪的；

b）规模较大地实施的；或者

c）以更严重的方式实施的。

4．如果规模巨大地实施第 1 款所指的犯罪的，处 3 年以上 8 年以下监禁。

5．如果规模特别巨大地实施第 1 款所指的犯罪的，处 4 年以上 10 年以下监禁。

第七编 危害共和国罪

第一章 危害国家根基罪

第 311 条 叛国罪

斯洛伐克共和国公民勾结外国势力或者外国代理人实施阴谋危害斯洛伐克共和国罪、恐怖主义杀人罪，实施破坏活动罪或者阴谋破坏罪的，处 15 年以上 25 年以下监禁或者终身监禁。

第 312 条 阴谋危害斯洛伐克共和国罪

1．使用暴力或者暴力威胁，意图：

a）改变斯洛伐克共和国的宪政制度、侵害斯洛伐克共和国的独立或者主权；或者

b）侵犯斯洛伐克共和国的领土完整，处 10 年以上 12 年以下监禁。

2．如果在实施第 1 款所指的犯罪时具有下列情形之一的，处 15 年以上 25 年以下监禁或者终身监禁：

a）因为其实施造成数人死亡的；

b）因为其实施导致数额特别巨大的损失或者其他特别严重后果的；

c）作为危险集团的成员实施的；

d）由公务员实施的；或者

e）在危机状态下实施的。

恐怖活动罪

第 313 条

意图破坏斯洛伐克共和国的宪政制度而故意杀害他人或者力图杀害他人的，处 20 年以上 25 年以下监禁或者终身监禁。

第 314 条

1. 劫持人质，以造成人质死亡、伤害或者任何其他损害相威胁，意图强迫满足其损害斯洛伐克共和国宪政制度的条件的，处 7 年以上 12 年以下监禁。

2. 如果在实施第 1 款所指的犯罪时具有下列情形之一的，处 12 年以上 20 年以下监禁：

a）因为其实施导致他人重伤或者死亡的；

b）针对受保护人实施的；或者

c）以更严重的方式实施的。

3. 如果在实施第 1 款所指的犯罪时具有下列情形之一的，处 15 年以上 25 年以下监禁或者终身监禁：

a）因为其实施造成数人死亡的；

b）作为危险集团的成员实施的；或者

c）在危机状态下实施的。

实施破坏活动罪

第 315 条

1. 出于破坏斯洛伐克共和国的宪政制度或者防卫能力的目的，实施下列行为的，处 7 年以上 12 年以下监禁：

a）以导致火灾、水灾、公共交通工具的故障或者事故，爆炸物、天然气、电力、放射物质或者类似的其他危险物质或者力量的危害结果的方式，使人们面临死亡、重伤危险或者使他人财产面临遭受数额特别巨大损失之危险，或者增大该危险，或者妨碍对该危险进行预防或者减轻的努力的；或者

b）实施任何类似的其他危险行为。

2. 如果在实施第 1 款所指的犯罪时具有下列情形之一的，处 12 年以上 20 年以下监禁：

a）因为其实施造成数额较大的损失的；

b）以更严重的方式实施的；或者

c）针对受保护人实施的。

3. 如果在实施第 1 款所指的犯罪时具有下列情形之一的，处 15 年以上 25 年以下监禁或者终身监禁：

a）因为其实施导致他人重伤或者死亡的；

b）因为其实施导致数额特别巨大的损失或者其他特别严重后果的；或者

c）作为危险集团的成员实施的。

4. 如果在实施第 1 款所指的犯罪时具有下列情形之一的，处 20 年以上 25 年以下监禁或者终身监禁：

a）因为其实施导致数人重伤或者死亡的；或者

b）在危机状态下实施的。

第 316 条

1. 出于第 315 条第 1 款所指的目的，对他人或者其本人的财物实施毁灭、破坏或者使之陷入无法使用状态的，处 4 年以上 10 年以下监禁。

2. 如果在危机状态下实施第 1 款所指的犯罪的，处 10 年以上 25 年以下监禁。

第317条　阴谋破坏罪

1. 出于破坏斯洛伐克共和国的宪政制度或者防卫能力的目的，滥用其工作、职业、职位、职权或者实施其他行为，意图：

a）阻止或者妨碍国家机关、军队、安全部队、法人完成重要工作；或者

b）对这些机关、组织、机构的活动造成混乱或者其他严重损失，处4年以上10年以下监禁。

2. 如果在实施第1款所指的犯罪时具有下列情形之一的，处10年以上15年以下监禁：

a）因为其实施导致他人重伤或者死亡的；

b）因为其实施造成数额较大的损失的；或者

c）以更严重的方式实施的。

3. 如果在实施第1款所指的犯罪时具有下列情形之一的，处15年以上25年以下监禁或者终身监禁：

a）因为其实施导致数人重伤或者死亡的；

b）因为其实施导致数额特别巨大的损失或者其他特别严重后果的；

c）作为危险集团的成员实施的；或者

d）在危机状态下实施的。

第二章 危害国家安全罪

第 318 条 间谍罪

1. 出于提供给外国势力或者外国代理人的目的，刺探为了保护斯洛伐克共和国的利益或者斯洛伐克共和国承诺予以保护的其他国家、国际组织、超国家组织、国家联盟的利益而被其他法律规定为绝密或者机密等级[①]的保密情报，或者出于相同的目的收集包含这些保密情报的资料，或者故意地向外国势力泄露此种保密情报的，处 4 年以上 10 年以下监禁。

2. 如果在实施第 1 款所指的犯罪时具有下列情形之一的，处 8 年以上 15 年以下监禁：

a）由以获得保密情报为任务的组织的成员实施的；或者

b）由被特别地赋予不泄露保密情报义务的人实施的。

3. 如果在危机状态下实施第 1 款所指的犯罪的，处 15 年以上 25 年以下监禁或者终身监禁。

危害绝密或者机密情报安全罪

第 319 条

1. 出于提供给无权知悉的人的目的，刺探为了保护斯洛伐克共和国的利益或者斯洛伐克共和国承诺予以保护的其他国家、国际组织、超国家组织、国家联盟的利益而被其他法律规定为绝

① 斯洛伐克共和国将秘密的密级分为绝密、机密、秘密和限制四个等级。

密或者机密等级的保密情报，或者出于相同的目的收集包含这些保密情报的资料，或者故意地向无权知悉的人泄露此种保密情报的，处6个月以上3年以下监禁。

2. 出于向国外泄露的目的刺探第1款所指的情报，或者故意地向国外泄露此种保密情报的，处1年以上5年以下监禁。

3. 如果实施第1款或者第2款所指的犯罪具有下列情形之一的，处3年以上8年以下监禁：

a）由被特别地赋予不泄露保密情报义务的人实施的；或者

b）在危机状态下实施的。

第320条

过失地导致为了保护斯洛伐克共和国的利益或者斯洛伐克共和国承诺予以保护的其他国家、国际组织、超国家组织、国家联盟的利益而被其他法律规定为绝密或者机密等级的保密情报被泄露给无权知悉的人，或者导致包含这些保密情报的文书或者物品丢失的，处3年以下监禁。

第八编　危害公共秩序罪

第一章　危害公共权力机关行使权力罪

针对公共权力机关的暴行罪

第 321 条

1. 使用暴力意图对公共权力机关的权力行使施加影响的，处 1 年以上 5 年以下监禁。

2. 如果以更严重的方式实施第 1 款所指的犯罪的，处 3 年以上 8 年以下监禁。

3. 如果因为实施第 1 款所指的犯罪导致他人重伤或者死亡的，处 7 年以上 12 年以下监禁。

4. 如果在实施第 1 款所指的犯罪时具有下列情形之一的，处 12 年以上 20 年以下监禁：

a）因为其实施导致数人重伤或者死亡的；或者

b）因为其实施导致数额特别巨大的损失或者其他特别严重后果的。

第 322 条

以杀死、伤害或者造成其他较小损失威胁他人，并且具有下列情形之一的，处2年以下监禁：

a）意图对公共权力机关的权力行使施加影响的；或者

b）与公共权力机关行使权力有关的。

2. 如果以更严重的方式实施第1款所指的犯罪的，处1年以上5年以下监禁。

针对公务员的暴行罪

第323条

1. 使用暴力并且具有下列情形之一的，处1年以上5年以下监禁：

a）意图对公务员的权力行使施加影响的；或者

b）与公务员行使权力有关的。

2. 如果在实施第1款所指的犯罪时具有下列情形之一的，处3年以上8年以下监禁：

a）导致伤害后果的；

b）因为其实施造成数额较大的损失的；

c）以更严重的方式实施的；或者

d）针对刑事诉讼机关或者法院实施的。

3. 如果在实施第1款所指的犯罪时具有下列情形之一的，处7年以上12年以下监禁：

a）因为其实施导致他人重伤或者死亡的；或者

b）因为其实施造成数额巨大的损失的。

4. 如果在实施第1款所指的犯罪时具有下列情形之一的，处12年以上25年以下监禁或者终身监禁：

a）因为其实施造成数人死亡的；或者

b）在危机状态下实施的。

第 324 条

1. 以杀死、伤害或者造成其他较小损失威胁他人，并且具有下列情形之一的，处 3 年以下监禁：

a）意图对公务员的权力行使施加影响的；或者

b）与公务员行使权力有关的。

2. 如果以更严重的方式实施第 1 款所指的犯罪的，处 1 年以上 5 年以下监禁。

第 325 条

第 321 条至第 324 条规定的保护，也应当适用于为公务员提供支持或者保护的人。

第二章 公务员犯罪

第 326 条 公务员滥用权力罪

1. 公务员出于对他人造成损失或者为自己获取不正当利益的目的实施下列行为的，处 2 年以上 5 年以下监禁：

a）以违反法律的方式行使其权力的；

b）超越其法定职权的；或者

c）不履行源自于其职权或者法院决定的义务的。

2. 如果在实施第 1 款所指的犯罪时具有下列情形之一的，处 4 年以上 10 年以下监禁：

a）以更严重的方式实施的；

b）针对受保护人实施的；或者

c）基于特别的动机实施的。

3. 如果在实施第 1 款所指的犯罪时具有下列情形之一的，处7年以上12年以下监禁：

a）因为其实施导致他人重伤或者死亡的；

b）因为其实施造成数额巨大的损失的；或者

c）意图阻止或者妨碍他人行使基本权利和自由的。

4. 如果在实施第 1 款所指的犯罪时具有下列情形之一的，处10年以上20年以下监禁：

a）因为其实施导致数人重伤或者死亡的；

b）因为其实施造成数额特别巨大的损失的；

c）在危机状态下实施的。

第 327 条　公务员玩忽职守罪

1. 公务员在行使权力过程中过失地未履行重要职责的，处2年以下监禁。

2. 如果因为实施第 1 款所指的犯罪导致数额巨大的损失或者其他特别严重后果的，处1年以上5年以下监禁。

第三章　腐败犯罪

受贿罪

第 328 条

1. 因为其以违背工作、职业、职位、职权所产生的义务的方式实施作为或者不作为，自己或者通过中间人，为自己或者第三人收受、索取贿赂或者接受给予贿赂的许诺的，处 2 年以上 5 年以下监禁。

2. 如果以更严重的方式实施第 1 款所指的犯罪的，处 3 年以上 8 年以下监禁。

3. 如果规模特别巨大地实施第 1 款所指的犯罪的，处 7 年以上 12 年以下监禁。

第 329 条

1. 自己或者通过中间人，为自己或者第三人收受、索取与公益物品采购有关的贿赂或者接受给予贿赂的许诺的，处 3 年以上 8 年以下监禁。

2. 如果以公务员身份实施第 1 款所指的犯罪的，处 5 年以上 12 年以下监禁。

3. 如果规模特别巨大地实施第 1 款或者第 2 款所指的犯罪的，处 10 年以上 15 年以下监禁。

第 330 条

1. 外国公务员意图在国际商业交易中获取或者维持不正当利益，自己或者通过中间人，为自己或者第三人收受、索取与其公务职责有关的贿赂或者接受给予贿赂的许诺的，处 5 年以上 12 年以下监禁。

2. 如果规模特别巨大地实施第 1 款或者第 2 款所指的犯罪的，处 10 年以上 15 年以下监禁。

第 331 条

1. 外国议员、斯洛伐克共和国承认的国际司法机构的法官或者官员，或者斯洛伐克共和国与之有合约关系的国际组织、超国家组织、政府间组织或者机构的代表或者雇员，或者其他具有类似地位的人，自己或者通过中间人，为自己或者第三人收受、索取与其履行职责有关的贿赂或者接受给予贿赂的许诺的，处5年以上12年以下监禁。

2. 如果规模特别巨大地实施第1款所指的犯罪的，处10年以上15年以下监禁。

行贿罪

第332条

1. 自己或者通过中间人，向他人许诺给予、提议给予或者实际给予贿赂，为了使他人以违背其工作、职业、职位、职权所产生的义务的方式实施作为或者不作为，或者基于相同的原因，自己或者通过中间人，向第三人许诺给予、提议给予或者实际给予贿赂的，处3年以下监禁。

2. 如果以更严重的方式实施第1款所指的犯罪的，处1年以上5年以下监禁。

3. 如果规模特别巨大地实施第1款或者第2款所指的犯罪的，处4年以上10年以下监禁。

第333条

1. 与公益物品采购有关的人，自己或者通过中间人，向他人实际给予、提议给予或者许诺给予贿赂，或者基于相同的原因，向第三人实际给予、提议给予或者许诺给予贿赂的，处6个月以上3年以下监禁。

2. 如果在实施第1款所指的犯罪时具有下列情形之一的，处2年以上5年以下监禁：

a）以更严重的方式实施的；或者

b）针对公务员实施的。

3. 如果规模特别巨大地实施第1款或者第2款所指的犯罪的，处5年以上12年以下监禁。

第 334 条

1. 自己或者通过中间人，向外国公务员或者第三人实际给予、提议给予或者许诺给予与该外国公务员的义务有关的贿赂，意图在国际商业交易中获取或者维持不正当利益的，处 2 年以上 5 年以下监禁。

2. 如果规模特别巨大地实施第 1 款或者第 2 款所指的犯罪的，处 5 年以上 12 年以下监禁。

第 335 条

1. 自己或者通过中间人，向外国议员、斯洛伐克共和国承认的国际司法机构的法官或者官员、斯洛伐克共和国与之有合约关系的国际组织、超国家组织、政府间组织或者机构的代表或者雇员或者其他具有类似地位的人，实际给予、提议给予或者许诺给予与其履行职权有关的贿赂，或者基于相同的原因，向第三人实际给予、提议给予或者许诺给予贿赂的，处 2 年以上 5 年以下监禁。

2. 如果规模特别巨大地实施第 1 款或者第 2 款所指的犯罪的，处 5 年以上 12 年以下监禁。

第 336 条 影响力交易罪

1. 因为将要对第 328 条、第 329 条、第 330 条和第 331 条所指的人履行义务施加影响或者已经施加了这种影响，自己或者通过中间人，收受、索取贿赂或者接受给予贿赂的许诺的，处 3 年以下监禁。

2. 自己或者通过中间人，向他人许诺给予、提议给予或者实际给予贿赂，以使其对第 332 条和第 333 条所指的人履行义务施加影响或者因为该他人已经施加了这种影响，或者基于相同的原因，向第三人实际给予、提议给予或者许诺给予贿赂的，处 2

年以下监禁。

第四章　以其他形式向犯罪提供协力罪

第337条　煽动罪

公然煽动实施犯罪，或者公开号召集体不履行法律规定或者依法所适用的重要义务或者严重扰乱公共秩序的，处2年以下监禁。

第338条　赞同犯罪行为罪

1. 公然赞同所实施的犯罪或者公然称赞犯罪的行为人的，处1年以下监禁。

2. 意图表达对犯罪的赞成而实施下列行为的，处以与第1款规定相同的刑罚：

a）就其受到刑罚给予其本人或者关系密切人以奖励或者补偿的；或者

b）为该奖励或者补偿募集资金的。

第339条　帮助罪犯罪

1. 向犯罪人提供帮助，意图帮助其逃避刑事追诉、适用刑罚或者保安处分、执行刑罚或者保安处分的，处3年以下监禁；但是，如果本法对被帮助的犯罪人所犯之罪规定的刑罚轻于上述刑罚的，处以该较轻的刑罚。

2. 实施第1款所指的行为帮助关系密切人的，不承担刑事责任，但出于下列意图的除外：

a）帮助实施了叛国罪（第311条）、阴谋危害斯洛伐克共和国罪（第312条）、恐怖活动罪（第313条和第314条）、实施破坏活动罪（第315条和第316条）、阴谋破坏罪（第317条）、间谍罪（第318条）、种族灭绝罪（第418条）的人；或者

b）为自己或者他人获取财产利益的。

3. 如果行为人是被强迫提供帮助并且如果拒绝提供帮助会使其本人或者关系密切人面临死亡、伤害或者其他严重损害危险的，不对实施第1款所指的行为承担刑事责任。

第340条 不告发犯罪行为罪

1. 以可信的方式知悉他人实施了本法典规定的法定最高刑不少于10年监禁的重罪或者本法典分则第八编第三章规定的任何腐败犯罪，但不及时地向刑事追诉机关或者警察机关报告该犯罪（军人可以向其上级军官或者服役机关报告，正在服监禁刑或者被羁押的人可以向斯洛伐克共和国监狱和法庭警卫部队的官员报告）的，处3年以下监禁。

2. 如果报告会使其本人或者关系密切人遭受死亡、身体伤害、其他严重损害或者刑事追诉危险的，不应当追究实施第1款所指行为之人的刑事责任。

3. 如果行为人告发犯罪将会侵犯下列对象的，不应当对其实施的第1款所指的行为追究刑事责任：

a）受委托从事牧师活动的人约定保密的以口头或者书面形式接受的告解秘密或者信息秘密；或者

b）法律规定的保密义务。

第341条 不阻止犯罪行为罪

1. 以可信的方式知悉他人正在预备或者实施本法典规定的

法定最高刑不少于10年监禁的重罪或者本法典分则第八编第三章规定的任何腐败犯罪，但不亲自或者通过能够胜任的其他人或者主管机关阻止这些重罪或者犯罪的实施或完成的，处3年以下监禁。

2. 如果阻止重罪存在巨大困难或者会使其本人或者关系密切人遭受死亡、重伤、其他严重损害或者刑事追诉危险的，不应当追究实施第1款所指行为的人的刑事责任。但是，使关系密切人遭受刑事追诉的危险，不能成为免除其不阻止本法典规定可以判处终身监禁之重罪的刑事责任的理由。

3. 也可以采取及时报告刑事追诉机关或者警察机关的方式阻止重罪的实施；军人可以向其上级军官或者服役机关报告，正在服监禁刑或者被羁押的人可以向斯洛伐克共和国监狱和法庭警卫部队的官员报告。

4. 第1款所指的义务不适用于如果履行该义务将侵犯告解秘密的人。

第五章　以其他形式妨碍公共权力机关活动罪

第342条　干扰司法独立罪

1. 向法官施加影响意图使其在司法程序中违背职责，或者实施意图妨碍诉讼司法程序当事人或者被告人接受合法审判的权利的行为的，处1年以上6年以下监禁。

2. 如果在实施第 1 款所指的犯罪时具有下列情形之一的，处 2 年以上 8 年以下监禁：

a）基于特别的动机实施的；

b）意图阻止或者妨碍他人行使基本权利和自由的；

c）因为法官在具体案件中的裁判而对之公然诽谤的；或者

d）由在法院中行使管理权力的人和书记官实施的。

3. 如果意图为自己或者他人获得数额巨大的利益或者导致数额巨大损失或者其他特别严重后果而实施第 1 款所指的犯罪的，处 3 年以上 10 年以下监禁。

第 343 条　藐视法庭罪

无视事先的警告反复地实施下列行为的，处 2 年以下监禁：

a）严重地干扰法庭审理；

b）在法庭审理过程中实施无礼或者贬低法庭的行为；或者

c）无充足理由不遵守法院命令或者传唤。

第 344 条　妨碍司法罪

1. 在司法程序或者刑事诉讼中实施下列行为的，处 1 年以上 6 年以下监禁：

a）将明知是伪造或者变造的证据作为真实的证据予以提供；

b）伪造、变造、妨碍证据或者阻止取证；

c）阻止或者妨碍刑事诉讼当事人、司法程序当事人、证人、鉴定人、口译人、笔译人出庭或者作证；或者

d）使用暴力、暴力威胁、其他严重损害威胁或者许诺给予、提议给予、实际给予不正当利益，意图对刑事诉讼当事人、司法程序当事人、证人、鉴定人、口译人、笔译人或者刑事追诉机关施加影响的。

2. 如果在实施第 1 款所指的犯罪时具有下列情形之一的，

处3年以上8年以下监禁：

a）意图为自己或者他人获得数额巨大的利益或者导致数额巨大损失或者其他特别严重后果；

b）意图阻止或者妨碍他人行使基本权利和自由的；或者

c）基于特别的动机实施的。

第345条　诬告罪

1. 虚假地指控他人实施了犯罪行为，意图引起对其的刑事追诉的，处1年以上5年以下监禁。

2. 如果在实施第1款所指的犯罪时具有下列情形之一的，处3年以上8年以下监禁：

a）基于特别的动机实施的；或者

b）公开实施的。

3. 如果实施第1款所指的犯罪导致数额巨大损失或者其他特别严重后果的，处4年以上10年以下监禁。

第346条　伪证罪或者宣誓伪证罪

1. 司法程序、刑事程序或者国外刑事程序中的证人，向检察官、警察机关或者斯洛伐克共和国承认的国际司法机构的法官，提供对这些主体的决定具有重大意义的情节提供虚假陈述或者隐瞒这些情节的，处1年以上5年以下监禁。

2. 司法程序、刑事程序或者国外刑事程序中宣誓作证的证人，向检察官、警察机关或者斯洛伐克共和国承认的国际司法机构的法官，提供对这些主体的决定具有重大意义的情节提供虚假陈述或者隐瞒这些情节的，处2年以上5年以下监禁。

3. 如果实施第1款或者第2款所指的犯罪具有下列情形之一的，处3年以上8年以下监禁：

a）以更严重的方式实施的；或者

b）基于特别的动机实施的。

4．如果实施第1款或者第2款所指的犯罪导致数额巨大损失或者其他特别严重后果的，处4年以上10年以下监禁。

第347条 虚假鉴定、口译或者笔译罪

1．鉴定人、口译人或者笔译人有下列行为的，处1年以上5年以下监禁：

a）在刑事程序中向法院、检察官、警察机关，或者在民事程序或者执行程序中向法院，或者在相应程序中向公共权力机关或者仲裁法院，提供对这些主体的决定具有重大意义的情节提供虚假陈述或者隐瞒这些情节的；或者

b）在基于合同提供鉴定结论或者担任口译人、笔译人时，就对该鉴定结论、口译、笔译有关的主体具有重大意义或者对依据该鉴定结论、口译、笔译所作出的决定具有重大意义的情节提供虚假陈述或者隐瞒这些情节，对他人造成数额较小的损失的。

2．如果在实施第1款所指的犯罪时具有下列情形之一的，处3年以上8年以下监禁：

a）以更严重的方式实施的；或者

b）基于特别的动机实施的。

3．如果实施第1款所指的犯罪导致数额巨大损失或者其他特别严重后果的，处4年以上10年以下监禁。

妨碍官方的决定执行罪

第348条

1．以下列方式阻止或者严重妨碍法院或者其他公共权力机关作出决定的执行的，处2年以下监禁：

a）在无正当理由的情况下不在法院规定的日期到案执行监禁的；

b）在未获许可并且无重要理由的情况下逗留于禁止居住刑罚所及的地点或者区域，或者不遵守法院所适用的与该刑罚的执行有关的禁令和义务的；

c）在未获许可并且无重要理由的情况下，无视已经被判处驱逐出境刑罚或者禁止在斯洛伐克共和国领域内居留的禁止居留刑罚，居留于斯洛伐克共和国领域内的；

d）实施被法院或者其他国家作出的决定禁止其从事特定活动的；

e）实施妨碍法院所适用的保安治疗或者保安教养目的的严重行为，或者以其他方式（尤其是从执行机构逃跑）严重妨碍这些决定的执行的；

f）实施意图妨碍拘留或者刑罚宗旨的严重行为的；

g）严重地或者反复地实施行为违反专门条例规定或者法院暂时决定确定的禁止其进入共同住宅命令的；或者

h）实施妨碍所被判处的保安监督执行的严重行为。

2. 在刑事诉讼过程中，以下列手段阻止或者严重妨碍法院或者其他公共权力机关作出决定的执行的，处 1 年以上 5 年以下监禁：

a）将与这些决定相关的财物予以毁灭、破坏、使之无法使用、藏匿、转让、拿走的；或者

b）从警卫看管中、羁押场所或者监狱中脱逃，或者帮助他人脱逃的。

第 349 条

在民事程序中对其作出以执行有关未成年子女监护的法院决定或者法院批准的协议为目的的措施失败后，阻碍这些决定或者协议的执行的，或者妨碍在民事诉讼中有关受暴力威胁人的保护

或者未成年子女监护的临时措施的执行的，处 1 年以上 5 年以下监禁。

第 350 条 妨碍执行斯洛伐克宪法法院裁判罪

以不履行斯洛伐克共和国宪法法院决定所产生的义务的方式，阻止或者严重妨碍斯洛伐克共和国宪法法院作出决定的执行的，处 2 年以下监禁。

第 351 条 妨碍选举或者全民公决的筹备和举行罪

1. 使用暴力、暴力威胁或者欺骗手段阻止他人在选举或者全民公决中行使投票之宪法权利，或者以相同的手段强迫他人行使这种宪法权利的，处 3 年以下监禁。

2. 在行使第 1 款所指的宪法权利时实施下列行为的，处与第 1 款规定相同的刑罚：

a）故意地错误统计投票或者侵犯投票秘密性的；或者

b）以其他方式严重妨碍行使这些宪法权利的。

3. 如果实施第 1 款或者第 2 款所指的犯罪具有下列情形之一的，处 1 年以上 5 年以下监禁：

a）以更严重的方式实施的；

b）由公务员实施的；

c）基于特别的动机实施的；或者

d）公开实施的。

第 352 条 伪造或者变造公文、公章、官方封记、官方徽章或者官方标志罪

1. 对公文、公章、官方封记、官方徽章或者官方标志予以伪造或者严重变造其内容的，或者将其作为真品进行使用的，或者意图作为真品使用而制作的，处 3 年以下监禁。

2. 提交虚假的资料获得公文、公章、官方封记、官方徽章或者官方标志的，处与第1款规定相同的刑罚。

3. 如果以更严重的方式实施第1款或者第2款所指的犯罪的，处1年以上5年以下监禁。

4. 如果因为实施第1款或者第2款所指的犯罪导致数额巨大的损失的，处3年以上8年以下监禁。

5. 如果实施第1款或者第2款所指的犯罪导致数额巨大损失或者其他特别严重后果的，处4年以上10年以下监禁。

6. 如果危险集团的成员实施第1款或者第2款所指的犯罪的，处7年以上12年以下监禁。

7. 第1款至第6款所规定的保护也适用于外国的公文、公章、官方封记、官方徽章或者官方标志。

第353条　危害秘密或者限制①的情报安全罪

1. 出于提供给无权知悉的人的目的，刺探为了保护斯洛伐克共和国的利益或者斯洛伐克共和国承诺予以保护的其他国家、国际组织、超国家组织、国家联盟的利益而被其他法律规定为秘密或者限制等级的保密情报，或者出于相同的目的收集包含这些保密情报的资料，或者故意地向无权知悉的人泄露此种保密情报的，处1年以下监禁。

2. 出于向国外泄露的目的刺探第1款所指的情报，或者故意地向国外泄露此种保密情报的，处6个月以上3年以下监禁。

第354条　暴力越境罪

1. 使用暴力或者以即刻使用暴力为内容的威胁手段，穿越国境的，处3年以上8年以下监禁。

2. 如果在实施第1款所指的犯罪时具有下列情形之一的，

① 斯洛伐克共和国将秘密的密级分为绝密、机密、秘密和限制四个等级。

处7年以上12年以下监禁：

a）以更严重的方式实施的；

b）由两个或者两个以上的人共同实施的；或者

c）组织实施该犯罪的。

3. 如果在实施第1款所指的犯罪时具有下列情形之一的，处12年以上20年以下监禁：

a）因为其实施导致他人重伤或者死亡的；或者

b）在危机状态下实施的。

4. 如果在实施第1款所指的犯罪时具有下列情形之一的，处20年以上25年以下监禁或者终身监禁：

a）因为其实施导致数人重伤或者死亡的；或者

b）由军人在危机状态下实施的。

偷渡罪

第355条

1. 组织既非斯洛伐克共和国公民也非在斯洛伐克共和国永久居留的人非法穿越国境或者过境斯洛伐克共和国领域，或者容许他人实施这些活动，或者帮助他人实施这些活动的，处1年以上5年以下监禁。

2. 出于为自己或者他人直接或者间接获取经济利益或者其他物质利益的目的，针对既非斯洛伐克共和国公民也非在斯洛伐克共和国永久居留的人实施下列行为的，处3年以上8年以下监禁：

a）组织其非法穿越国境或者过境斯洛伐克共和国领域，或者容许他人实施这些活动，或者帮助他人实施这些活动的；或者

b）出于a项所指的目的，制作、获取、提供、持有伪造的护照或者伪造的身份证的。

3．如果实施第 1 款或者第 2 款所指的犯罪具有下列情形之一的，处 7 年以上 10 年以下监禁：

a）因为其实施为自己或者他人获得数额较大的利益的；

b）基于特别的动机实施的；

c）以可能危及偷渡者生命健康或者对偷渡者进行非人道、有辱人格对待或者虐待的方式实施的；或者

d）以更严重的方式实施的。

4．如果实施第 1 款或者第 2 款所指的犯罪具有下列情形之一的，处 10 年以上 15 年以下监禁：

a）因为其实施导致他人重伤或者死亡的；

b）因为其实施为自己或者他人获得数额巨大的利益的；或者

c）作为危险集团的成员实施的。

5．如果实施第 1 款或者第 2 款所指的犯罪具有下列情形之一的，处 12 年以上 20 年以下监禁：

a）如果因为其实施导致数人重伤或者死亡的；

b）因为其实施为自己或者他人获得数额特别巨大的利益的；或者

c）在危机状态下实施的。

第 356 条

出于为自己或者他人直接或者间接获取经济利益或者其他物质利益的目的，针对既非斯洛伐克共和国公民也非在斯洛伐克共和国永久居留的人，容许或者帮助其居留于斯洛伐克共和国领域内或者非法获得工作的，处 2 年以上 8 年以下监禁。

第 357 条 违反国际飞行法规罪

以驾驶航空器闯入斯洛伐克共和国领域的方式违反国际飞行法规的，处 6 个月以上 3 年以下监禁。

第 358 条 囚犯叛乱罪

1. 参与一群囚犯反对监管机构、监管机构命令或者监狱制度的，处 1 年以上 5 年以下监禁。

2. 如果组织实施第 1 款所指的犯罪的，处 4 年以上 10 年以下监禁。

第九编　侵害其他权利和自由罪

第359条　针对公民群体的暴行罪

1. 以杀死、重伤、其他严重损害或者造成数额特别巨大损失威胁一群公民，或者对一群公民使用暴力的，处2年以下监禁。

2. 如果在实施第1款所指的犯罪时具有下列情形之一的，处6个月以上3年以下监禁：

a）基于特别的动机实施的；

b）以更严重的方式实施的；或者

c）公开实施的。

第360条　严重胁迫罪

1. 以杀死、重伤或者可能引起合理忧虑的其他严重损害威胁他人的，处1年以下监禁。

2. 如果在实施第1款所指的犯罪时具有下列情形之一的，处6个月以上3年以下监禁：

a）以更严重的方式实施的；

b）针对受保护人实施的；

c）意图阻止或者妨碍他人行使基本权利和自由的；

d）基于特别的动机实施的；或者

e）公开实施的。

散布使公众惊恐的虚假信息罪

第 361 条

1. 以散布使人惊恐的虚假消息的手段故意地在特定区域的民众（至少是其中部分民众）中制造引起严重忧虑的危险，或者实施能够引起此种危险的其他类似行为的，处 2 年以下监禁。

2. 在明知其为虚假并且可能在特定区域的民众（至少是其中部分民众）中制造严重忧虑的情况下，向法人、警察机关、其他国家机关或者大众传媒报告令人惊恐的虚假消息或者第 1 款所指的其他类似行为的，处 1 年以上 5 年以下监禁。

3. 如果在实施第 2 款所指的犯罪时具有下列情形之一的，处 3 年以上 8 年以下监禁：

a）曾经因为本罪被判决有罪的；或者

b）因为其实施严重妨碍经济运行、法人的经济活动、国家机关的活动或者其他特别严重后果的。

第 362 条

在危机状态下，以传播令人惊恐的虚假消息的方式，在特定区域的民众（至少是其中部分民众）中制造（即使出于过失也不例外）引起严重忧虑、沮丧情绪或者失败主义的危险的，处 6 个月以上 3 年以下监禁。

第 363 条　自陷醉态罪

1. 吸食或者使用致瘾物质使自己陷入（即使出于过失也不例外）精神错乱状态下，并且在此状态下实施符合其他犯罪构成特征的行为的，处 3 年以上 8 年以下监禁：如果本法典对其所实施的行为规定的法定刑较轻的，应当适用该较轻的刑罚。

2. 如果行为人意图实施犯罪而使其陷入精神错乱状态的，不适用本条第 1 款和第 23 条的规定。

第 364 条　妨碍治安罪

1. 公然地或者在公众可以进入的场所，以口头或者肢体形式（尤其是以下列手段）实施严重不当的行为或者扰乱行为的，处 3 年以下监禁：

a）袭击他人的；

b）亵渎国家象征性标志的；

c）亵渎历史或者文化纪念物的；

d）严重扰乱民众集会或者体育文化事件的进行；或者

e）以实施性交、性暴露或者其他变态的性活动的方式制造众所周知的丑闻的。

2. 如果在实施第 1 款所指的犯罪时具有下列情形之一的，处 6 个月以上 3 年以下监禁：

a）基于特别的动机实施的；

b）以更严重的方式实施的；或者

c）在有多名不满 18 周岁的人在场的情况下实施的。

第 365 条　侵犯安息地罪

1. 毁灭、破坏、亵渎坟墓、逝者的骨灰盒、纪念碑或者墓碑，或者毁灭、破坏公墓或者其他永久安息地的物品，或者在公墓、其他永久安息地实施其他严重无礼或者侵犯其安宁的行为的，处 2 年以下监禁。

2. 如果在实施第 1 款所指的犯罪时具有下列情形之一的，处 6 个月以上 3 年以下监禁：

a）以更严重的方式实施的；或者

b）基于特别的动机实施的。

3. 如果第 1 款所指的犯罪导致数额巨大的损失的，处 1 年以上 5 年以下监禁。

第366条 亵渎逝者罪

1. 侵害或者亵渎人的尸体，或者非法掘出人的遗骸，或者在未获授权的情况下将遗骸从其存放地拿走，或者以违背具有普适效力的条例的方式处理遗骸的，处3年以下监禁。

2. 如果在实施第1款所指的犯罪时具有下列情形之一的，处1年以上5年以下监禁：

a）以更严重的方式实施的；或者

b）基于特别的动机实施的。

第367条 淫媒罪

1. 招募、怂恿、勾引、利用、接受、提议他人卖淫，或者从他人的卖淫活动中获利，或者使卖淫能够得以实施的，处3年以下监禁。

2. 如果以更严重的方式实施本罪的，处1年以上5年以下监禁。

3. 如果针对受保护人实施第1款所指的犯罪的，处3年以上10年以下监禁。

4. 如果在实施第1款所指的犯罪时具有下列情形之一的，处7年以上12年以下监禁：

a）因为其实施为自己或者他人获得数额巨大的利益的；

b）作为危险集团的成员实施的；或者

c）针对不满15周岁的人实施的。

5. 如果因为实施第1款所指的犯罪导致他人重伤或者死亡的，处10年以上15年以下监禁。

第368条 制作儿童淫秽物品罪

1. 使用、引诱、提供或者以其他方式利用儿童制作儿童淫秽物品或者以其他方式参与该制作的，处4年以上10年以下监禁。

2. 如果在实施第 1 款所指的犯罪时具有下列情形之一的，处 7 年以上 12 年以下监禁：

a）针对不满 12 周岁的人实施的；

b）以更严重的方式实施的；或者

c）公开实施的。

3. 如果在实施第 1 款所指的犯罪时具有下列情形之一的，处 10 年以上 15 年以下监禁：

a）因为其实施导致他人重伤或者死亡的；或者

b）因为其实施获得数额巨大的利益的。

4. 如果在实施第 1 款所指的犯罪时具有下列情形之一的，处 12 年以上 20 年以下监禁：

a）因为其实施导致数人重伤或者死亡的；

b）因为其实施获得数额特别巨大的利益的；或者

c）作为危险集团的成员实施的。

第 369 条　传播儿童淫秽物品罪

1. 复制、运输、获取、使可以获取或者以其他方式传播儿童淫秽物品的，处 1 年以上 5 年以下监禁。

2. 如果在实施第 1 款所指的犯罪时具有下列情形之一的，处 3 年以上 8 年以下监禁：

a）以更严重的方式实施的；或者

b）公开实施的。

3. 如果因为实施第 1 款所指的犯罪获得数额巨大的利益的，处 4 年以上 10 年以下监禁。

4. 如果因为实施第 1 款所指的犯罪获得数额特别巨大的利益的，处 7 年以上 12 年以下监禁。

第 370 条　持有儿童淫秽物品罪

持有儿童淫秽物品的，处 2 年以下监禁。

败坏风化罪

第 371 条

1. 制作、购买、进口、以其他方式获取，并且随后予以出售、出租或者以其他方式投入流通、传播、使公众能够接触、出版以无礼方式表现人类、展示暴力或者以描绘与动物性交或者其他变态性活动的淫秽作品、音像制品、图片或者败坏道德的其他物品的，处 2 年以下监禁。

2. 如果在实施第 1 款所指的犯罪时具有下列情形之一的，处 1 年以上 5 年以下监禁：

a）以更严重的方式实施的；或者

b）公开实施的。

3. 如果因为实施第 1 款所指的犯罪获得数额巨大的利益的，处 3 年以上 8 年以下监禁。

第 372 条

1. 实施下列行为的，处 2 年以下监禁：

a）向不满 18 周岁的人提供、交付或者出售淫秽物品的；或者

b）在不满 18 周岁的人可以进入的场所，展览淫秽物品或者以其他方式使之可以获取的。

2. 如果在实施第 1 款所指的犯罪时具有下列情形之一的，处 1 年以上 5 年以下监禁：

a）以更严重的方式实施的；或者

b）公开实施的。

3. 如果在实施第 1 款所指的犯罪时具有下列情形之一的，

处3年以上8年以下监禁：

a）为自己或者他人获得数额巨大的利益的；或者

b）以提供、制作、展览等无礼方式表现人类、展示暴力或者以描绘与动物性交或者其他变态性活动的淫秽作品、音像制品、图片或者败坏道德的其他物品的。

第373条　诽谤罪

1. 传播与他人相关的可能相当大地损害人们对其的尊重、损害其工作和业务、扰乱其家庭关系或者对其造成其他损害的虚假信息的，处2年以下监禁。

2. 如果在实施第1款所指的犯罪时具有下列情形之一的，处1年以上5年以下监禁：

a）因为其实施造成数额巨大的损失的；

b）基于特别的动机实施的；

c）公开实施的；或者

d）在商业活动中以更严重的方式实施的。

3. 如果在实施第1款所指的犯罪时具有下列情形之一的，处3年以上8年以下监禁：

a）因为其实施造成数额特别巨大的损失的；或者

b）导致他人失去工作、事业失败或者离婚的。

第374条　未经许可使用个人资料罪

1. 在未获得合法授权的情况下提供、获取或者泄露下列内容并且因此违反具有普适效力的条例对其规定的义务的，处1年以下监禁：

a）在行使公共权力过程中获取他人的个人资料或者与行使宪法权利有关他人的个人资料；或者

b）因为执行其职业、工作、职权而获取的他人的个人资料。

2．如果在实施第 1 款所指的犯罪时具有下列情形之一的，处 2 年以下监禁：

a）对相关人员的权利造成损害的；

b）公开实施的；或者

c）以更严重的方式实施的。

损害他人权利罪

第 375 条

1．以下列方式对他人的权利造成严重损害的，处 2 年以下监禁：

a）使他人陷入错误；或者

b）利用他人的错误。

2．如果在实施第 1 款所指的犯罪时具有下列情形之一的，处 6 个月以上 3 年以下监禁：

a）以更严重的方式实施的；

b）针对受保护人实施的；或者

c）假装公务员实施的。

3．如果因为实施第 1 款所指的犯罪为自己或者他人获得数额巨大的利益的，处 1 年以上 5 年以下监禁。

第 376 条

以泄露、使第三人知悉或者以其他方式进行使用的手段，非法侵犯文书、其他文字、录音、录像或者其他记录、计算机数据或者他人私人持有的其他文书的秘密性，因此对他人权利导致严重损害的，处 2 年以下监禁。

第 377 条　侵犯私人言论或者其他私人表达的秘密罪

1．以不正当记录的方式侵犯私人口头言论或者其他私人性质的表达的秘密性，并且使这些记录为第三人所知悉或者以其他方式进行使用，因此对他人权利导致严重损害的，处2年以下监禁。

2. 如果在实施第1款所指的犯罪时具有下列情形之一的，处6个月以上3年以下监禁：

a）作为有组织犯罪集团的成员实施的；

b）因为其实施造成数额巨大的损失的；或者

c）意图为自己或者他人获得数额巨大的利益而实施本罪的。

3. 如果具有下列情形之一的，处6个月以上5年以下监禁：

a）作为公务员实施第1款所指的犯罪的；

b）因为其实施造成数额特别巨大的损失的；或者

c）意图为自己或者他人获得数额特别巨大的利益而实施本罪的。

第378条　虐待动物罪

1. 虐待动物并且具有下列情形之一的，处1年以下监禁：

a）在过去12个月内曾经因为类似犯罪被执行刑罚或者曾经在过去24个月内因为本罪被判决有罪的；

b）以特别残忍和野蛮的方式实施的；或者

c）使动物极度疲劳的。

2. 如果在实施第1款所指的犯罪时具有下列情形之一的，处6个月以上3年以下监禁：

a）针对数只动物实施虐待的；

b）公开或者在公众可以进入的场所实施的；

c）对依法受保护的动物实施虐待的；或者

d）以更严重的方式实施的。

第十编　危害兵役、文职服役、在军队中服役和国防罪

第一章　危害兵役罪

第379条　妨碍服役能力罪

1．导致自己或者他人的身体状况永久或者暂时不适于或者不太适于履行兵役或者保卫祖国的其他义务的，处6个月以上5年以下监禁。

2．如果在危机状态下实施第1款所指的犯罪的，处3年以上10年以下监禁。

第380条　不履行应征义务罪

1．不参加应征或者接受体检，意图逃避或者拖延应征义务的，处1年以下监禁。

2．如果在危机状态下实施第1款所指的犯罪的，处6个月以上3年以下监禁。

第381条　逃避法定军事义务罪

1．实施欺诈活动意图获得法定军事义务豁免的，处1年以

下监禁。

2. 实施欺诈活动并且具有下列情形之一的，处6个月以上3年以下监禁：

a）使自己全部或者部分地逃避履行军事义务；或者

b）使他人全部或者部分地逃避履行军事义务的。

3. 如果在危机状态下实施第1款或者第2款所指的犯罪的，处1年以上5年以下监禁。

第二章　危害文职服役罪

不开始文职服役罪

第382条

不在征召书规定的时限届满之后24小时内报到，意图逃避文职服役的，处1年以上5年以下监禁。

第383条

不在征召书规定的时限届满之后24小时内报到进行文职服役（即使是出于过失也不例外）的，处1年以下监禁。

逃避文职服役罪

第384条

1. 自伤身体、装病、伪造公文、滥用致瘾物质或者使用其他诡计，意图逃避文职服役或者履行文职服役所产生的义务，或者拒绝履行文职服役或者履行文职服役所产生的义务的，处6个月以上3年以下监禁。

2．在履行文职服役期间，拒绝执行命令或者有组织地不执行这些命令的，处2年以下监禁。

第385条

1．在未获允许的情况下离开其履行文职服役的地点达到48小时，或者在未请假的情况下不前往服役地点达到48小时的，处6个月以下监禁。

2．在未获允许的情况下离开其履行文职服役的地点达到14日，或者在未请假的情况下不前往服役地点达到14日的，处6个月以上3年以下监禁。

3．意图逃避文职服役离开其履行文职服役的地点，或者出于相同的意图在未请假的情况下不前往该服役地点的，处6个月以上5年以下监禁。

第三章　危害在军队服役罪

不开始在军队中服役罪

第386条

1．不在征召书规定的时限届满之后24小时内到军队报到，意图逃避军事服役的，处2年以上5年以下监禁。

2．如果在危机状态下实施第1款所指的犯罪的，处5年以上10年以下监禁。

第387条

1．不在征召书规定的时限届满之后24小时内到军队报到进行军事服役（即使是出于过失也不例外）的，处2年以下监禁。

2．如果在危机状态下实施第1款所指的犯罪的，处6个月以上3年以下监禁。

第388条

在宣布动员之后不立即从国外返回到军队报到服役（即使是出于过失也不例外）的，处1年以上5年以下监禁。

第389条　违背人身或者物质义务罪

1．在宣布动员之后不履行基于国防利益的人身或者物质义务（即使是出于过失也不例外），或者故意地逃避履行这些义务，或者妨碍或者阻止他人履行这些义务（即使是出于过失也不例外）的，处6个月以上3年以下监禁。

2．如果因为实施第1款所指的犯罪严重危及本国的国防的，处2年以上8年以下监禁。

第四章　危害国防罪

第390条　勾结敌人罪

在战争状态或者战时，为了敌人的利益而工作或者向敌人提供任何援助的，如果没有构成处罚更重的其他犯罪的，处1年以上10年以下监禁。

第391条　战时叛国罪

在战争状态或者战时，斯洛伐克共和国公民在敌军或者敌对武装力量中服役的，处10年以上25年以下监禁或者终身监禁。

第 392 条 在外国军队中服役罪

1. 斯洛伐克共和国公民在未获授权的情况下在外国军队中服役的，处 2 年以上 8 年以下监禁。

2. 如果在战时状态或者作战状态下实施第 1 款所指的犯罪的，处 5 年以上 10 年以下监禁。

第十一编 军职犯罪

第一章 危害军事从属关系和军人荣誉罪

不服从命令罪

第393条

1. 拒绝或者故意不执行命令的，处3年以下监禁。

2. 如果在实施第1款所指的犯罪时具有下列情形之一的，处2年以上8年以下监禁：

a）数名军人一起实施的；

b）使用武器实施的；

c）在可能阻止或者严重妨碍重要任务履行的情况下实施的；或者

d）由部署于斯洛伐克共和国领域外的军队成员实施的。

3. 如果在实施第1款所指的犯罪时具有下列情形之一的，处以与第2款相同的刑罚：

a）因为其实施导致他人重伤或者死亡的；或者

b）因为其实施危害军队的战备或者造成其他特别严重后果的。

4. 如果在危机状态下实施第1款所指的犯罪的，处5年以上15年以下监禁。

第394条

1. 因过失而不执行命令，可能阻止或者严重妨碍重要服役任务履行的，处1年以下监禁。

2. 如果在实施第1款所指的犯罪时具有下列情形之一的，处6个月以上5年以下监禁：

a）因为其实施导致他人重伤或者死亡的；

b）因为其实施危害军队的战备或者造成其他特别严重后果的；或者

c）由部署于斯洛伐克共和国领域外的军队成员实施的。

3. 如果在危机状态下实施第1款所指的犯罪的，处3年以上10年以下监禁。

第395条　抵制军人或者强制违背军事职责罪

1. 抵制正在履行军事职责的军人，或者强迫军人违背这些军事职责的，处3年以下监禁。

2. 如果在实施第1款所指的犯罪时具有下列情形之一的，处2年以上7年以下监禁：

a）因为其实施导致他人重伤或者其他特别严重后果的；

b）使用武器实施的；

c）数名军人一起实施的；或者

d）由部署于斯洛伐克共和国领域外的军队成员实施的。

3. 如果在实施第1款所指的犯罪时具有下列情形之一的，处5年以上15年以下监禁：

a）因为其实施导致他人死亡的；或者

b）在危机状态下实施的。

军人之间的侮辱罪

第396条

1. 任何军人严重地侮辱其他军人，如果没有构成处罚更重的其他犯罪的，处1年以下监禁。

2. 如果在危机状态下实施第1款所指的犯罪的，处6个月以上5年以下监禁。

第397条

1. 以暴力或者即刻的暴力威胁手段侮辱：

a）上级或者具有较高衔级的军人；或者

b）下级或者具有较低衔级的军人，处2年以下监禁。

2. 如果在实施第1款所指的犯罪时具有下列情形之一的，处6个月以上5年以下监禁：

a）因为其实施导致他人受伤的；

b）在行为人或者被害人正在履行职责时实施的；

c）针对军队警卫或者宪兵的成员实施的；

d）由部署于斯洛伐克共和国领域外的军队成员实施的；或者

e）使用武器实施或由两个或两个以上的人实施的。

3. 如果在实施第1款所指的犯罪时具有下列情形之一的，处3年以上10年以下监禁：

a）因为其实施导致他人死亡的；或者

b）在危机状态下实施的。

第398条

1. 以暴力或者即刻的暴力威胁手段侮辱衔级相同的军人的，处1年以下监禁。

2. 如果在实施第1款所指的犯罪时具有下列情形之一的，

处6个月以上5年以下监禁：

a）因为其实施导致他人受伤的；

b）在行为人或者被害人正在履行职责时实施的；

c）针对军队警卫或者宪兵的成员实施的；

d）由部署于斯洛伐克共和国领域外的军队成员实施的；或者

e）使用武器实施或者由两个或两个以上的人实施的。

3. 如果在实施第1款所指的犯罪时具有下列情形之一的，处3年以上10年以下监禁：

a）因为其实施导致他人死亡的；或者

b）在危机状态下实施的。

第399条　针对上级的暴行罪

1. 对上级军人使用暴力、威胁即刻使用暴力或者威胁造成其他严重损害，并且具有下列情形之一的，处1年以上5年以下监禁：

a）意图危害上级军人履行其军事职责；或者

b）与上级军人履行军事职责有关而实施的。

2. 如果实施第1款所指的犯罪时具有下列情形之一的，处3年以上10年以下监禁：

a）因为其实施导致他人重伤的；

b）使用武器实施的；

c）由两个或者两个以上的人共同实施的；或者

d）由部署于斯洛伐克共和国领域外的军队成员实施的。

3. 如果在实施第1款所指的犯罪时具有下列情形之一的，处10年以上20年以下监禁：

a）因为其实施导致他人死亡的；或者

b）在危机状态下实施的。

第 400 条　侵犯军人的权利和受保护利益罪

1. 强迫其他军人为其提供不正当的个人服务、限制其权利或者故意妨碍其履行军事服役的，处 1 年以下监禁。

2. 如果针对其下属或者任何级别较低的军官实施第 1 款所指的犯罪的，处 2 年以下监禁。

3. 如果实施第 1 款或者第 2 款所指的犯罪具有下列情形之一的，处 6 个月以上 3 年以下监禁：

a）以使用暴力、威胁造成其他严重损害的手段实施的；

b）由两个或者两个以上的人共同实施的；或者

c）由部署于斯洛伐克共和国领域外的军队成员实施的。

4. 如果实施第 1 款或者第 2 款所指的犯罪具有下列情形之一的，处 2 年以上 10 年以下监禁：

a）因为其实施导致他人重伤或者死亡的；

b）以更严重的方式实施的；或者

c）在危机状态下实施的。

第二章　危害履行兵役职责罪

逃避军事任务或者军事服役罪

第 401 条

1. 自伤身体、装病、伪造公文、滥用致瘾物质或者使用其他诡计，意图逃避军事任务的，处 1 年以下监禁。

2. 如果第 1 款所指的犯罪是由部署于斯洛伐克共和国领域

外的军队成员实施的，处 2 年以下监禁。

3．如果在危机状态下实施第 1 款所指的犯罪的，处 5 年以上 15 年以下监禁。

第 402 条

1．自伤身体、装病、伪造公文、滥用致瘾物质或者使用其他诡计，意图逃避军事服役或者履行军事服役所产生的义务，或者拒绝履行军事服役或者履行军事服役所产生的义务的，处 6 个月以上 5 年以下监禁。

2．如果第 1 款所指的犯罪由部署于斯洛伐克共和国领域外的军队成员实施的，处 2 年以上 8 年以下监禁。

3．如果在危机状态下实施第 1 款所指的犯罪的，处 5 年以上 15 年以下监禁。

第 403 条

在上班期间以吸食酒精或者其他致瘾物质的方法使自己全部或者部分不适于履行其职责，并且在过去 12 个月内曾经因为类似行为被处罚至少两次以上的，处 1 年以下监禁。

第 404 条

在危机状态下以吸食酒精或者其他致瘾物质的方法使自己不适于履行其职责（即使出于过失也不例外）的，处 1 年以上 5 年以下监禁。

擅离职守罪

第 405 条

1．在未获得准许的情况下离开部队意图长期逃避军事服役，或者在未获得准许的情况下在部队缺勤超过 30 日的，处 6 个月以上 5 年以下监禁。

2．如果在实施第 1 款所指的犯罪时具有下列情形之一的，

处2年以上8年以下监禁：

a）使用武器实施的；或者

b）由部署于斯洛伐克共和国领域外的军队成员实施的。

3. 如果在危机状态下实施第1款所指的犯罪的，处5年以上15年以下监禁。

第406条

1. 在未获得准许的情况下离开部队超过48小时，或者反复地实施其行为的，处1年以下监禁。

2. 如果第1款所指的犯罪是由部署于斯洛伐克共和国领域外的军队成员实施的，处2年以下监禁。

3. 在未获得准许的情况下离开部队超过6日的，处6个月以上3年以下监禁。

4. 在危机状态下未获得准许离开部队超过24小时的，处2年以上10年以下监禁。

5. 在未获得准许的情况下离开部队并且投靠敌人的，处5年以上12年以下监禁。

第三章　危害警卫和监督职责罪

第407条　违背警卫职责罪

1. 正在履行警卫或者其他类似职责的人违背（即使出于过失也不例外）关于该职责的条例、规则或者为此而发布的专门规定的，处2年以下监禁。

2．如果在实施第 1 款所指的犯罪时具有下列情形之一的，处 1 年以上 5 年以下监禁：

a）在履行具有重要的国家或者军事意义的警卫职责或者其他类似职责时实施的；

b）以特别严重地违背其职责的方式实施的；

c）在危机状态下实施的；或者

d）由部署于斯洛伐克共和国领域外的军队成员实施的。

3．如果因为实施第 1 款所指的犯罪对所从事的具有重要的国家或者军事意义的警卫职责或者其他类似职责造成损害后果的，处以与第 2 款规定相同的刑罚。

4．如果在危机状态下从事具有重要的国家或者军事意义的警卫职责或者其他类似职责时故意实施第 1 款所指的犯罪，对从事的警卫职责或者其他类似职责造成损害后果的，处 10 年以上 15 年以下监禁。

第 408 条　违背监督职责罪

1．履行监督或者其他类似职责的人严重违背（即使出于过失也不例外）关于该职责的条例或者规则的，处 1 年以下监禁。

2．履行监督或者其他类似职责的人因为不充分履行其职责，使得在其管辖范围内发生某一军人强迫其他军人为其提供不正当的个人服务、限制其权利或者故意妨碍其履行军事服役的事件的，处以与第 1 款规定相同的刑罚。

3．如果因为实施第 1 款所指的犯罪造成其有义务防止的特别严重后果，或者第 1 款所指的犯罪是由部署于斯洛伐克共和国领域外的军队成员实施的，处 2 年以下监禁。

4．如果在危机状态下实施第 1 款或者第 2 款所指的犯罪的，处 1 年以上 6 年以下监禁。

第409条　违背领空防卫职责罪

1. 违背有关无线电应答服务、应急反应单位的服务、用于维护领空安全的其他设施的条例或者规则（即使出于过失也不例外）的，处1年以上5年以下监禁。

2. 如果因为实施第1款所指的犯罪造成特别严重后果的，处3年以上10年以下监禁。

3. 如果在危机状态下实施第1款所指的犯罪的，处8年以上15年以下监禁。

第四章　危害战备罪

第410条　败坏军队风纪罪

1. 煽动军人不履行军事服役或者违背上级，或者以其他方式有组织地破坏纪律的，处6个月以上6年以下监禁。

2. 如果在危机状态下实施第1款所指的犯罪的，处5年以上15年以下监禁。

第411条　违背服役职责罪

1. 以不履行所被指派的职责或者违背这些职责的方式，导致武器、设备或者其他资金的有效性受到严重削弱（即使出于过失也不例外），对军队或者安全部队造成损害的，处1年以下监禁。

2. 在未获得授权的情况下将第1款所指的价值较小的有形物品或者数额较小的资金用于非规定用途，或者同意此种使用，或者亲自滥用或者使他人能够滥用其部属于非服役目的，处3年以下监禁。

3. 如果具有下列情形之一的，处2年以上8年以下监禁：

a）因为其实施第2款所指的犯罪为自己或者他人获得数额巨大的利益的；或者

b）因为故意实施第1款或者第2款所指的犯罪降低战备能力、造成数额巨大损失或者造成其他特别严重后果的。

4. 在危机状态下故意地实施第1款所指的犯罪的，处5年以上15年以下监禁。

第412条　面对敌人表现怯弱罪

在作战状态下因为懦弱或者沮丧投降成为战俘的，处8年以上15年以下监禁。

第413条　不执行作战任务罪

1. 在作战状态下未经允许离开部队的，处3年以上12年以下监禁。

2. 在作战状态下逃避履行作战任务的义务或者拒绝使用武器的，处10年以上15年以下监禁。

第414条　遗弃武器或者其他作战工具罪

1. 在作战状态下丢弃、遗弃武器或者其他作战工具或者使之无法使用的，处2年以上8年以下监禁。

2. 如果因为实施第1款所指的犯罪造成特别严重后果的，处5年以上15年以下监禁。

第415条　将部队或者军用物资交付敌人罪

在作战状态下，指挥官在未受强制的情况下将其部队或者设防阵地、军事设备、其他作战工具交付给敌人（即使出于过失也不例外）的，处3年以上12年以下监禁。

第五章　共同规定

第 416 条（废止）

第十二编 危害和平和反人类罪、恐怖主义罪、极端主义罪与战争罪

第一章 危害和平和反人类罪、恐怖主义罪和极端主义罪

第 417 条 危害和平罪

1. 以任何煽动战争、鼓吹战争或者以其他方式支持战争宣传的手段，危害国家之间和平共存的，处 1 年以上 10 年以下监禁。

2. 如果在实施第 1 款所指的犯罪时具有下列情形之一的，处 10 年以上 25 年以下监禁或者终身监禁：

a）勾结外国势力或者外国代理人实施的；

b）作为危险集团的成员实施的；或者

c）在危机状态下实施的。

第 418 条 种族灭绝罪

1. 意图全部或者部分灭绝某一民族、族群、种族、宗教群

体而实施下列行为的，处 15 年以上 20 年以下监禁：

a）导致该人群的成员重伤或者死亡的；

b）施行意图阻止该团体内的生育措施的；

c）强制转移该团体的儿童至另一团体的；或者

d）故意使该群体处于某种生活状况下以毁灭其全部或部分成员的生命的。

2. 如果在战时或者武装冲突期间实施第 1 款所指的犯罪的，处 20 年以上 25 年以下监禁或者终身监禁。

3. 如果实施第 1 款所指的犯罪导致数人死亡的，处终身监禁。

第 419 条　恐怖主义或者以其他形式参与恐怖主义罪

1. 实施下列行为之一的，处 20 年以上 25 年以下监禁或者终身监禁：

a）意图严重恐吓民众、意图严重动摇或者毁灭斯洛伐克共和国的宪法、政治、经济、社会制度、国际组织的组织形式，或者意图强迫国家或者国际组织作为或者不作为、威胁实施或者实际实施危害他人的生命、健康、人身自由、财产的犯罪，或者非法地制造、获取、控制、持有、运输、发送或者以其他方式使用爆炸物、核武器、生物武器、化学武器或者在未获允许的情况下实施上述武器或者被法律、国际条约禁止的武器的研发；

b）意图造成他人死亡、重伤或者数额巨大的财产损失或者环境损害，持有放射性物质，或者制造或者持有核爆炸装置、逸散放射性物质或者释放辐射线的装置并且可能因为其放射性导致致人死亡、重伤、严重的财产或者环境损害的；

c）意图造成他人死亡、重伤、数额巨大的财产损失或者环境损害，或者意图强迫自然人、法人、国际组织或者国家作为或者不作为，使用放射性物质、核爆炸装置或者逸散放射性物质或者释放辐射线的装置并且可能因为其放射性导致致人死亡、重伤、严重的财产或者环境损害，或者以实际泄漏或者可能泄漏放射性物质的方式使用或者毁灭核反应堆（包括安装于船舰、车辆、航空器或者太空物品上用作驱动这些船舰、车辆、航空器、太空物品之能量来源或者用作其他用途的反应堆）或者用于制造、存储、加工、运输放射性物质的工厂或者运输设备，或者威胁实施这种行为并且在当时的情况下其威胁显示出可信性的；或者

d）以使用强制、威胁使用强制（在当时的情境来看该威胁应当具有可信性）手段，索要放射性物质、核爆炸装置或者逸散放射性物质或者释放辐射线的装置并且可能因为其放射性导致致人死亡、重伤、严重的财产或者环境损害，或者以实际泄漏或者可能泄漏放射性物质的方式使用或者毁灭核反应堆（包括安装于船舰、车辆、航空器或者太空物品上用作驱动这些船舰、车辆、航空器、太空物品之能量来源或者用作其他用途的反应堆）或者用于制造、存储、加工、运输放射性物质的工厂或者运输设备的。

2. 如果有下列情形之一的，处以与第 1 款规定相同的刑罚：

a）意图用于或者准许其被用于（即使只是部分被用于也不例外）实施第 1 款所指的行为，亲自或者通过他人筹集、提供金融资金或者其他资金；

b）意图实施第 1 款所列的行为（包括这些行为的未遂行为）或者参与这些行为，提供生产或者使用爆炸物、核武器、生物武器、化学武器或者其他类似的有害或者危险物质的方法或者技术知识的；

c）在第1款所列的行为被实施的情况下，以为其实施进行辩解或者美化的方式公开煽动实施这些行为，因此导致实施或者参与实施这些行为的危险的；

d）要求他人实施或者参与实施第1款所列的行为，或者要求他人实施、参与实施第1款所指行为的未遂行为的；或者

e）制定实施第1款所列行为的计划意图实施这些行为或者便利其实施的。

3. 如果实施第1款所指的行为具有下列情形之一的，处终身监禁：

a）导致数人重伤或者死亡的；

b）针对受保护人实施的；

c）针对军队或者安全部队实施的；

d）作为危险集团的成员实施的；或者

e）在危机状态下实施的。

4. 实施第2款a项所指的行为并且为将所筹集或者提供的金融资金或者其他资金用于实施第1款所列的犯罪行为或者其未遂行为提供便利，或者亲自以此种方式使用这些资金，或者实施第2款d项所指的行为并且为实施第1款所列的犯罪行为或者其未遂行为提供便利的，处终身监禁。

第420条　酷刑和其他非人道或者残酷的待遇罪

1. 在行使其与公共权力机关权力有关的情况下，基于其提议或者明示或者默示的同意，以虐待、酷刑、其他不人道或者残忍的对待的手段，给他人造成身体或者精神痛苦的，处2年以上6年以下监禁。

2. 如果在实施第1款所指的犯罪时具有下列情形之一的，处3年以上10年以下监禁：

a）由两个或者两个以上的人共同实施的；

b）以更严重的方式实施的；

c）针对受保护人实施的；

d）基于特别的动机实施的；或者

e）针对依法被限制人身自由的人实施的。

3. 如果在实施第 1 款所指的犯罪时具有下列情形之一的，处 7 年以上 12 年以下监禁：

a）因为其实施导致他人重伤或者死亡的；

b）意图阻止或者妨碍他人行使基本权利和自由的；或者

c）作为危险集团的成员实施的。

4. 如果在实施第 1 款所指的犯罪时具有下列情形之一的，处 12 年以上 20 年以下监禁：

a）因为其实施导致数人重伤或者死亡的；或者

b）在危机状态下实施的。

支持或者宣传以压制基本权利和自由为宗旨的团体罪

第 421 条

1. 支持或者宣传使用暴力、暴力威胁或者造成其他损害威胁手段压制公民基本权利和自由为明确宗旨的群体或者团体的，处 1 年以上 5 年以下监禁。

2. 如果在实施第 1 款所指的犯罪时具有下列情形之一的，处 4 年以上 8 年以下监禁：

a）公开实施的；

b）由极端主义组织成员实施的；

c）以更严重的方式实施的；或者

d）在危机状态下实施的。

第422条

1. 对使用暴力、暴力威胁或者造成其他损害威胁手段压制公民基本权利和自由为明确宗旨的群体或者团体公开表达（尤其是使用旗帜、徽章、制服或者标语）同情的，处6个月以上3年以下监禁。

2. 在实施第1款所指的犯罪时，使用具备真品表象的伪造的旗帜、徽章、制服或者标语的，处以与第1款规定相同的刑罚。

第422条A　制作极端主义材料罪

1. 制作或者参与制作极端主义材料的，处3年以上6年以下监禁。

2. 如果在实施第1款所指的犯罪时具有下列情形之一的，处4年以上8年以下监禁：

a）以更严重的方式实施的；

b）公开实施的；或者

c）由极端主义组织成员实施的。

第422条B　散布极端主义材料罪

1. 复制、运输、获取、使可以获取、发行、进口、出口、提供、出售、发送或者散布极端主义材料的，处1年以上5年以下监禁。

2. 如果在实施第1款所指的犯罪时具有下列情形之一的，处3年以上8年以下监禁：

a）以更严重的方式实施的；

b）公开实施的；或者

c）由极端主义组织成员实施的。

第422条C　持有极端主义材料罪

持有极端主义材料的，处2年以下监禁。

第 423 条 诽谤民族、种族或者信仰罪

1. 公开实施下列诽谤行为的，处 1 年以上 3 年以下监禁：

a）诽谤任何民族及其语言、任何种族或者族群；或者

b）因为其属于任何种族、民族、国籍、肤色、族群、家庭出身、宗教或者因为其没有宗教信仰而诽谤任何个人或者人群。

2. 如果在实施第 1 款所指的犯罪时具有下列情形之一的，处 2 年以上 5 年以下监禁：

a）由两个或者两个以上的人共同实施的；

b）勾结外国势力或者外国代理人实施的；

c）以公务员身份实施的；

d）在危机状态下实施的；或者

e）基于特别的动机实施的。

第 424 条 煽动民族、种族、族群仇恨罪

1. 因为其属于任何种族、民族、国籍、肤色、族群、家庭出身或者宗教并且以之作为借口，对之实施重罪或者限制其权利和自由的手段威胁任何个人或者群体，或者执行这些限制，或者煽动限制任何民族、国籍、种族、族群的权利和自由的，处 3 年以下监禁。

2. 意图实施第 1 款所指的犯罪而与他人结伙或者聚集的，处与第 1 款规定相同的刑罚。

3. 如果实施第 1 款或者第 2 款所指的犯罪具有下列情形之一的，处 2 年以上 6 年以下监禁：

a）勾结外国势力或者外国代理人实施的；

b）公开实施的；

c）基于特别的动机实施的；

d）以公务员身份实施的；

e）由极端主义组织成员实施的；或者

f）在危机状态下实施的。

第424条A　实施基于他人的种族、民族、国籍、肤色、族群、家庭出身的挑衅、诽谤或者威胁罪

1. 公开实施下列行为的，处1年以上3年以下监禁：

a）因为其属于任何种族、民族、国籍、肤色、族群、家庭出身或者宗教并且以之作为借口，煽动针对任何个人或者群体的暴力或者仇恨的；或者

b）以美化《国际刑事法院罗马规约》被第6条、第7条和第8条视为种族灭绝罪、反人类罪的罪行或者附属于1945年8月8日《控诉和惩处欧洲轴心国主要战犯的协定》之《国际军事法庭宪章》第6条规定为危害和平罪、战争罪、反人类罪的罪行的手段，诽谤或者威胁这些个人或者群体，如果这些罪行是针对这些个人或者群体实施的或者这些犯罪的正犯或者共犯被国际刑事法庭的效力确定的生效判决宣告有罪（该判决在合法程序中被宣告无效的除外），或者公开否认或者缩小针对这些个人或者群体实施的此类罪行的。

2. 如果出于特别的动机实施第1款所指的犯罪的，处2年以上5年以下监禁。

第425条　反人类罪

1. 针对平民实施《国际刑事法院罗马规约》第7条视为反人类罪的行为的，处12年以上25年以下监禁或者终身监禁。

2. 如果在实施第1款所指的犯罪时具有下列情形之一的，处终身监禁：

a）因为其实施导致数人重伤、死亡或者其他特别严重后果的；或者

b）出于报复动机实施的。

第二章 战争罪

第426条 使用禁用武器或者非法的作战方法罪

1. 在作战中实施下列行为之一的，处4年以上10年以下监禁：

a）命令他人使用禁用的作战工具或者其他类似物资，或者自己使用这些工具或者物资的；或者

b）命令他人在作战中使用禁用的作战方法，或者自己使用这种作战方法的。

2. 指挥官违反有关作战工具和方法的国际条约的规定，故意实施下列行为的，处以与第1款规定相同的刑罚：

a）以军事行动、发动报复攻击、攻击不设防地点或者非武装区的手段，危害平民的生命、健康或者财产的；

b）毁灭或者破坏水坝、核电站或者包含危险能量的类似设施的；或者

c）毁灭或者破坏用于人道主义目的的设施或者获得国际承认的文化或者自然遗产的。

3. 如果因为实施第1款或者第2款所指的犯罪导致下列后果之一的，处10年以上20年以下监禁：

a）导致数人重伤或者死亡的；

b）导致数额特别巨大的损失的；或者

c）导致其他特别严重后果的。

第 427 条　劫掠作战区域罪

1. 在军事行动区域、战场、受军事行动影响的区域或者占领区内实施下列行为的，处 4 年以上 10 年以下监禁：

a）利用危难占有他人财物；

b）借口战争所必须毁灭他人财产或者占有他人财产；或者

c）劫掠死者或者伤者。

2. 如果在实施第 1 款所指的犯罪时具有下列情形之一的，处 7 年以上 12 年以下监禁：

a）以暴力、暴力威胁或者其他严重损害威胁手段实施的；或者

b）针对法律或者国际条约受特别保护的人或者物实施的。

3. 如果因为实施第 1 款所指的犯罪导致下列后果之一的，处与第 2 款规定相同的刑罚：

a）重伤；或者

b）数额巨大的损失。

4. 如果因为实施第 1 款所指的犯罪导致下列后果之一的，处 10 年以上 20 年以下监禁：

a）死亡；或者

b）数额特别巨大的损失。

第 428 条　滥用获得国际承认的标志或者国家标志罪

1. 在战时滥用红十字会标志或者国际法承认的用于医疗机构、交通工具、提供医疗救助或者安全撤离人员的其他识别标志或者旗帜的，处 3 年以上 10 年以下监禁。

2. 在战时滥用联合国标志或者中立国、非冲突当事方的其他国家的国旗、国徽、军徽、徽章、制服的，处与第 1 款规定相

同的刑罚。

3．如果第 1 款或者第 2 款所指的犯罪的实施构成军事欺诈手段，导致下列后果之一的，处 12 年以上 25 年以下监禁或者终身监禁：

a）数人死亡的；

b）数额特别巨大的损失的；或者

c）其他特别严重后果的。

第 429 条　侵害议员罪

1．侵害议员或者其随从人员，或者非法羁押这些人员的，处 2 年以下监禁。

2．如果因为实施第 1 款所指的犯罪导致议员或者其随从重伤的，处 4 年以上 8 年以下监禁。

3．如果因为实施第 1 款所指的犯罪导致议员或者其随从死亡的，处 7 年以上 12 年以下监禁。

第 430 条　滥用征用权罪

1．在战时实施下列行为的，处 1 年以上 5 年以下监禁：

a）滥用被赋予的军事征用权力的；

b）在未获得合法授权的情况下实施征用的；或者

c）拒绝就在军事征用行动被交付的物品的种类和数量出具证明书的。

2．如果在实施第 1 款所指的犯罪时具有下列情形之一的，处 3 年以上 8 年以下监禁：

a）因为其实施造成数额特别巨大的损失的；

b）以暴力、暴力威胁或者其他严重损害威胁手段实施的；或者

c）针对法律或者国际条约受特别保护的人或者物实施的。

3. 如果第1款所指的犯罪导致数额特别巨大的损失的，处5年以上10年以下监禁。

第431条　战争虐待罪

1. 在战时违反国际法准则，虐待不抵抗的平民、难民、伤员、已经放下武器的军人或者战俘的，处4年以上10年以下监禁。

2. 在战时以下列手段违反国际法准则的，处与第1款规定相同的刑罚：

a）不采取有效措施保护需要帮助的人（尤其是儿童、妇女、伤员、老年人）或者阻碍这些措施施行的；或者

b）阻止或者妨碍敌方、中立国或者其他国家的民防组织执行人道主义任务的。

3. 如果因为实施第1款或者第2款所指的犯罪导致他人重伤、死亡或者其他特别严重后果的，处10年以上25年以下监禁或者终身监禁。

第432条　迫害平民罪

1. 在战时基于民族的、种族的、族群的、宗教的歧视的不人道行为，或者以使用暴力或者威胁使用暴力手段恐吓无抵抗的平民的，处4年以上10年以下监禁。

2. 在第1款所指的时间内实施下列行为之一的，处与第1款规定相同的刑罚：

a）毁灭或者严重破坏占领区或者缓冲区内平民的生活基本必需品来源，或者故意不向民众提供生存所必需的帮助的；

b）无合理理由耽误遣返平民或者战俘的；

c）无合理理由在占领区内重新安置平民的；

d）在占领区定居其本国的人口的；或者

e）故意剥夺平民或者战俘通过公正的司法程序被判决有罪的权利的。

3. 如果因为实施第1款或者第2款所指的犯罪导致他人重伤、死亡或者其他特别严重后果的，处10年以上25年以下监禁或者终身监禁。

第433条 战时非法行为罪

1. 实施被《国际刑事法院罗马规约》第8条规定为战争罪的行为的，处12年以上25年以下监禁或者终身监禁。

2. 如果在实施第1款所指的犯罪时具有下列情形之一的，处终身监禁：

a）因为其实施导致数人重伤、死亡或者其他特别严重后果的；或者

b）出于报复动机实施的。

第434条 危害文化遗产罪

在战时实施下列行为之一的，处3年以上10年以下监禁：

a）规模特别巨大地毁灭或者占有依据国际条约受保护的具有文化价值的物品的；

b）针对这些物品实施掠夺、恶意破坏或者以其他方式进行滥用的；

c）违反国际条约对这些物品发动攻击的；或者

d）违反国际条约将依据国际条约受优先保护的具有文化价值的物品或者其临近区域用于支持军事行动的。

第三章　共同规定

第435条

1．在本编规定的适用中，战争是指：

a）国际武装冲突；或者

b）国家领域内政府当局和有组织武装集团之间或者有组织武装集团彼此之间对抗的长期武装冲突，但内部的动乱和紧张局势（如叛乱、孤立和零星的暴力行为或者类似性质的行为）除外。

2．军事指挥官也应当包括事实上充任军事指挥官作用的人。

3．军事指挥官因为没有对其军队适当地实施管理，导致归其实际指挥和管理的军队实施本编所规定的犯罪，并且具备下列条件之一的，军事指挥官也应当对之承担刑事责任：

a）根据当时的情境其应当知道军队正在实施或者即将实施这些犯罪；并且

b）不在其权限范围内采取必要的和合理的措施阻止或者压制其实施，或者不将该事件提交主管机关侦查和起诉。

4．上级因为没有对其下属适当地实施管理，导致归其实际支配和管理的下属实施本编所规定的犯罪，并且具备下列条件之一的（即使不符合第3款所指的条件），上级也应当对之承担刑事责任：

a）明知或者故意忽视明显地表明该下属正在实施或者即将

实施这些犯罪的信息；

b）这些犯罪与该上级实际的责任和管理范围内的活动有关；并且

c）不在其权限范围内采取必要和合理的措施阻止或者压制其实施，或者不将该事件提交主管机关侦查和起诉。

第三卷　共同条款、过渡条款和最后条款

第 436 条　共同条款

本法典替代附录中所列的具有法律约束力欧盟文件的有关内容。

过渡条款

第 437 条

1. 如果必须判断第 140/1961 号法律(《刑法典》及其修正)施行期间的犯罪行为属于本法典规定的轻罪、重罪、特别严重的重罪的成立条件的，应当以其罪过类型和第 140/1961 号法律(《刑法典》及其修正)规定法定刑为基础，适用本法典第 10 条和第 11 条的规定处理。

2. 针对本法典施行之后对实施于第 140/1961 号法律(《刑法典》及其修正)施行期间实施的犯罪所判处的刑罚，在考虑是否符合决定对之适用监禁假释或者附条件免除剩余刑罚执行的条件时，应当适用本法典的规定。

3. 针对本法典施行之前所判处的刑罚，在考虑是否符合决定对之适用监禁假释或者附条件免除剩余刑罚执行的条件时，应当适用以前的法律规定。对于依据第 140/1961 号法律(《刑法典》

及其修正)第43条第1款判处作为例外刑的有期监禁的罪犯，在服刑达到被判刑期3/4之后可以被假释；对于依据该规定判处作为例外刑的终身监禁的，不能被假释。

4. 如果追诉时效或者行刑时效期间在本法典施行之前已经届满的，不应当再适用本法典关于追诉时效或者行刑时效期间的规定。即使行为人在本法典施行之前又实施了比正在经历时效期间的犯罪较轻的其他犯罪，不应当被视为发生本法典规定的追诉时效或者行刑时效期间中断。

5. 对因为第140/1961号法律(《刑法典》及其修正)第43条第1款所指的犯罪而被判刑的人，如果在本法典施行之后实施本法典第47条第2款所指的其他犯罪的，应当适用本法典第47条第2款的规定。

6. 对因为在本法典施行之前实施第140/1961号法律(《刑法典》及其修正)第43条第1款所指的犯罪而被判刑的人，法院可以对之作出本法典第34条第8款d项所指的决定。

第438条

1. 本法典所指的低度戒备、中度戒备、高度戒备的行刑机构，相当于以前法律所指的一级、二级、三级行刑组织。

2. 本法典施行之前所颁布的具有普适效力的条例所使用的“特别严重的犯罪”，相当于本法典所指的重罪。

第438条A[①]　从2008年12月20日施行的修正规定的过渡条款

只有行为人或者卖方是被2008年12月19日之后作出的以往判决处罚的，才能适用第269条A的规定。

① 对本过渡条款的修正从2008年12月20日起施行。

第 438 条 B[①] 从 2009 年 1 月 1 日施行的修正规定的过渡条款

如果依据 2009 年 1 月 1 日以前施行的法律认定行为的刑事责任和量定刑罚的，在 2009 年 1 月 1 日之后应当按照汇率将以斯洛伐克克朗表示的罚金刑数额折算成欧元，应当按照四舍五入原则和具有普适效力的条例规定的过渡到欧元的其他原则取整数。

第 438 条 C[②] 从 2010 年 9 月 1 日施行的修正规定的过渡条款

只有第 83 条 A 第 1 款或者第 83 条 B 第 1 款所指的犯罪（包括未遂行为）或者参与实施这些犯罪发生在 2010 年 8 月 31 日之后的，才能对法人适用第 83 条 A 规定的罚没特定数额的金钱和第 83 条 B 规定的罚没财产。

最后条款

第 439 条

下列法律予以废止：

1. 第 165/1950 号法律“关于保卫和平的法律”；

2. 第 140/1961 号法律“刑法典”以及此后对其进行修正的第 53/1963 号法律、第 184/1964 号法律、第 56/1965 号法律、第 81/1966 号法律、第 148/1969 号法律、第 45/1973 号法律、第 43/1980 号法律、第 10/1989 号法律、第 159/1989 号法律、第 47/1990 号法律、第 84/1990 号法律、第 175/1990 号法律、第

---

① 对本过渡条款的修正从 2009 年 1 月 1 日起施行。

② 对本过渡条款的修正从 2010 年 9 月 1 日起施行。

457/1990 号法律、第 545/1990 号法律、第 490/1991 号法律、第 557/1991 号法律、第 93/1992 号法律（捷克斯洛伐克联邦共和国宪法法院判决）、斯洛伐克国民议会第 177/1993 号法律、第 248/1994 号法律、第 102/1995 号法律、第 233/1995 号法律、第 100/1996 号法律、第 13/1998 号法律、第 129/1998 号法律、第 10/1999 号法律、第 183/1999 号法律、第 399/2000 号法律、第 253/2001 号法律、第 485/2001 号法律、第 237/2002 号法律、第 421/2002 号法律、第 448/2002 号法律、第 553/2002 号法律、第 457/2003 号法律、第 403/2004 号法律、第 576/2004 号法律、第 613/2004 号法律、第 757/2004 号法律、第 227/2005 号法律；

3. 第 120/1962 号法律“反酗酒法”；

4. 第 448/2002 号法律“关于第 140/1961 号法律（刑法典）的保安监督的法律”，第 550/2003 号法律对之所作的修改和补充。

第 440 条

本法典从 2006 年 1 月 1 日起施行。

第 650/2005 号法律从 2007 年 1 月 1 日起施行。

第 218/2007 号法律从 2007 年 6 月 1 日起施行。

第 491/2008 号法律从 2008 年 12 月 15 日起施行。

第 497/2008 号法律从 2008 年 12 月 20 日起施行。

第 498/2008 号法律从 2009 年 1 月 1 日起施行。

第 59/2009 号法律从 2009 年 4 月 1 日起施行。

第 257/2009 号法律从 2009 年 9 月 1 日起施行。

第 317/2009 号法律从 2009 年 11 月 1 日起施行。

第 492/2009 号法律从 2009 年 12 月 1 日起施行。

第576/2009号法律从2010年1月1日起施行。

第224/2010号法律从2010年9月1日起施行。

第547/2010号法律从2011年1月1日起施行。

第33/2011号法律从2011年5月1日起施行。

被本法典替代的具有法律约束力的欧盟法案目录

1. 2002 年 11 月 28 日欧盟理事会第 2002/90/EC 号指令有关对未经授权的入境、过境及居留提供便利的定义。

2. 2000 年 5 月 29 日欧盟理事会第 2000/383/JHA 号框架决定和 2001 年 12 月 6 日欧盟理事会第 2001/888/JHA 号框架决定关于以刑罚和其他制裁加强有关引入欧元的反伪造保护。

3. 2001 年 3 月 15 日欧盟理事会第 2001/220/JHA 号框架决定关于刑事诉讼中的被害人地位。

4. 2001 年 5 月 28 日欧盟理事会第 2001/413/JHA 号框架决定关于打击非现金支付手段的欺诈和伪造。

5. 2001 年 6 月 26 日欧盟理事会第 2001/500/JHA 号框架决定关于洗钱、犯罪工具和收益的确认、跟踪、冻结、扣押和没收。

6. 2002 年 6 月 13 日欧盟理事会第 2002/475/JHA 号框架决定关于打击恐怖主义。

7. 2002 年 6 月 19 日欧盟理事会第 2002/629/JHA 号框架决定关于打击人口贩运。

8．2002 年 11 月 28 日欧盟理事会第 2002/946/JHA 号框架决定关于加强预防未经授权的入境、过境及居留的刑事方案。

9．2003 年 7 月 22 日欧盟理事会第 2003/568/JHA 号框架决定关于打击私营部门的腐败。

10．2003 年 12 月 22 日欧盟理事会第 2004/68/JHA 号框架决定关于打击对儿童进行性剥削和儿童淫秽物品。

11．2004 年 10 月 25 日欧盟理事会第 2004/757/JHA 号框架决定关于制定非法贩运毒品的犯罪构成要件和刑罚的最低标准。

12．2008 年 11 月 28 日欧盟理事会第 2008/913/JHA 号框架决定关于通过刑法打击种族主义和仇外心理的特定形式和表现。

13．2005 年 2 月 24 日欧盟理事会第 2005/222/JHA 号框架决定关于攻击信息系统。

14．2008 年 11 月 28 日欧盟理事会第 2008/919/JHA 号框架决定关于修正和补充打击恐怖主义的第 2002/475/JHA 号框架决定。

15．2008 年 10 月 24 日欧盟理事会第 2008/841/JHA 号框架决定关于打击有组织犯罪。

16．2008 年 11 月 19 日欧洲议会及欧盟理事会第 2008/99/EC 号指令关于以刑法保护环境。

17．2009 年 6 月 18 日欧洲议会及欧盟理事会第 2009/52/EC 号指令关于制定对非法居留于欧盟成员国领域的第三国公民进行非法雇用的雇主适用的制裁和处分之最低标准。

18．2009 年 10 月 21 日欧洲议会及欧盟理事会第 2009/123/EC 号指令关于修订第 2005/35/EC 号指令关于船舶源污染和引入违反行为制裁的指令。